Guttentagsche Sammlung
Nr. 96. Deutscher Reichsgesetze. Nr. 96.
Text-Ausgaben mit Anmerkungen.

Branntweinsteuergesetz.

Vom 15. Juli 1909.

Unter Berücksichtigung der für das Reich erlassenen Ausführungsbestimmungen.

Mit Einleitung, Kommentar und Sachregister

von

Geheimem Regierungsrat **Johannes Nay**,
Vortragender Rat im Reichsschatzamt.

Berlin 1910.
J. Guttentag, Verlagsbuchhandlung,
G. m. b. H.

Vorwort.

Das Branntweinsteuergesetz vom 15. Juli 1909 bietet einige Schwierigkeiten für die Ausführung; denn es legt nicht allein Steuern auf, sondern es enthält auch eine umfassende Regelung wirtschaftlicher Verhältnisse. Dabei konnte dem Gesetz eine eingehendere Begründung nicht mit auf den Weg gegeben werden. Die vorliegende Arbeit dürfte daher einem Bedürfnisse Rechnung tragen; sie gibt einleitend in kurzen Zügen eine Übersicht über die Entwicklung der Branntweinsteuergesetzgebung in Deutschland; sie will die einzelnen Vorschriften des Gesetzes vom 15. Juli 1909 erläutern, soweit dies zweckmäßig und bei dem gegenwärtigen Stande der Ausführung möglich erscheint; sie berücksichtigt dabei tunlichst den Zusammenhang mit der früheren Branntweinsteuergesetzgebung und gewährt einen Einblick in die weitverzweigten Ausführungsbestimmungen. Das neue Gesetz hat weite Kreise vor die Aufgabe gestellt, die Bedürfnisse der beteiligten Gewerbe, des Branntweinhandels und der staatlichen Verwaltung mit seinen Vorschriften und den Absichten des Gesetzgebers in Einklang zu bringen. Möge die vorliegende Arbeit mit dazu beitragen, diese Aufgabe einer befriedigenden Lösung entgegenzuführen.

Berlin, im März 1910.

Nay.

Inhaltsverzeichnis.

Branntweinsteuergesetz.

I. Abschnitt. Branntweinverbrauchsabgabe.

Abkürzungen.

BBrStG. = Bisher in Geltung gewesenes Branntweinsteuergesetz, Gesetz, betreffend die Besteuerung des Branntweins vom 24. Juni 1887 mit sämtlichen Änderungen und Ergänzungen.

Ges. v. 8. 7. 68 = Gesetz, betreffend die Besteuerung des Branntweins in verschiedenen zum Norddeutschen Bunde gehörenden Staaten und Gebietsteilen vom 8. Juli 1868 (BGBl. S. 384).

Ges. v. 19. 7. 79 = Gesetz, betreffend die Steuerfreiheit des Branntweins zu gewerblichen Zwecken, vom 19. Juli 1879.

GB. = Branntweinsteuer-Grundbestimmungen (BRB. v. 14. 10. 09 § 722 d. Prot., RZBl. S. 945).

BO. = Brennereiordnung (BRB. v. 14. 10. 09 § 724 d. Prot., RZBl. S. 945, 969).

MO. = Meßuhrordnung (BRB. v. 18. 11. 09 § 883 d. Prot. RZBl. S. 1411).

BglO. = Branntwein-Begleitscheinordnung (BRB. v. 14. 10. 09 § 723 d. Prot., RZBl. S. 945, 1283).

LO. = Branntwein-Lagerordnung (BRB. v. 14. 10. 09 § 723 des Prot., RZBl. S. 945, 1284).

RO. = Branntwein-Reinigungsordnung (BRB. v. 14. 10. 09 § 723 d. Prot., RZBl. S. 945, 1286).

AO. = Alkoholermittlungsordnung (BRB. v. 14. 10. 09 § 723 d. Prot., RZBl. S. 945, 1288).

BfrO. = Branntweinsteuer-Befreiungsordnung (BRB. v. 14. 10. 09 § 723 d. Prot., RZBl. S. 945, 1091).

BKO. = Bisher in Geltung gewesene Kontingentierungsordnung (BRB. v. 18. 9. 02, § 500 d. Prot., RZBl. S. 315, 334).

EO. = Essigsäure-Ordnung (BRB. v. 14. 10. 09 § 728 d. Prot., RZBl. S. 945, 1173).

DA. = Ausführungsanweisung für die Festsetzung des Durchschnittsbrands (BRB. v. 14. 10. 09, § 721 d. Prot., RZBl. S. 929).

BrNO. = Branntwein-Nachsteuerordnung (BRB. v. 14. 10. 09, § 726 d. Prot., RZBl. S. 945, 1255).

ENO. = Essigsäure-Nachsteuerordnung (BRB. v. 14. 10. 09, § 727 d. Prot., RZBl. S. 945, 1269).

BGB. = Bürgerliches Gesetzbuch vom 18. August 1896.

RGBl. = Reichsgesetzblatt.

BGBl. = Bundesgesetzblatt des Norddeutschen Bundes.

GS. = Gesetzsammlung für die Königlichen preußischen Staaten.

RZBl. = Zentralblatt für das Deutsche Reich.

PrZBl. = Zentralblatt der Abgabengesetzgebung und Verwaltung in den Königlich preußischen Staaten.

BayGVBl. = Gesetz- und Verordnungsblatt für das Königreich Bayern.

BadGVBl. = Gesetzes- und Verordnungsblatt für das Großherzogtum Baden.

BadZVBl. = Verordnungsblatt der Großherzoglich Badischen Zolldirektion.

BRB. = Beschluß des Bundesrats.

Prot. = Protokolle.

RB. = Stenographische Berichte über die Verhandlungen des Reichstags (die römischen Ziffern bezeichnen die Session).

AnlBd. = Anlagen zu den Verhandlungen des Reichstags, Band.

VZG. = Vereinszollgesetz vom 1. Juli 1869.

StGB. = Strafgesetzbuch für das Deutsche Reich.

StPO. = Strafprozeßordnung vom 1. Februar 1877.

PStG. = Preußisches Verwaltungsstrafgesetz vom 26. Juli 1897.

WB. = Warenverzeichnis zum Zolltarif vom 25. Dezember 1902.

Entsch. d. RG. i. Str. = Entscheidungen des Reichsgerichts in Strafsachen.

a. a. O. = am angegebenen Orte.

Einleitung.

Der Branntwein[1] wurde in Deutschland schon im 16. Jahrhundert besteuert. Die Einnahmen flossen zunächst meist den Städten zu.

In Bayern wurde durch Landesordnung von 1553 eine allgemeine Branntweinsteuer in den alten Provinzen eingeführt. Die Steuer wurde zunächst auf einen Schilling für den Eimer (64, 142 l) Branntwein festgesetzt und später wiederholt erhöht. Daneben bestand ein Getränkeaufschlag. Im Anfange des 19. Jahrhunderts wurde die Fabrikatsteuer beseitigt und eine Schankabgabe, das Branntweinumgeld, erhoben. Die Aufschlagordnung vom 24. September 1806 brachte den Malzaufschlag, der von dem zur Bier- und Branntweinbereitung verwendeten Malz zu entrichten war und damit nur den Branntwein aus Getreide und Bierrückständen belastete. Branntwein aus Obst, Wein, Kartoffeln usw. unterlag zunächst dem Umgelde, nach der Verordnung

[1] Julius Wolf, Die Branntweinsteuer, Tübingen 1884, S. 44 ff.

vom 26. Januar 1808 einem Blasenzinse von 15 K für den Eimer Brennraum und jeden Brand. Der Blasenzins wurde bald wieder beseitigt. Der Aufschlag bestand fort und wurde 1868 und 1879 erhöht. Durch Gesetz vom 25. Februar 1880 (Bay. GVBl. S. 37) wurde die Besteuerung grundsätzlich geändert und die Maischraumsteuer, der Maischraumaufschlag, mit 1,31 M vom Hektoliter des Raumgehalts der Maischbottiche als Hauptsteuer, daneben eine Materialsteuer, der Branntweinmaterialaufschlag, und für die mit der Siemensschen Meßuhr ausgestatteten Brennereien eine Fabrikatsteuer, der Branntweinfabrikataufschlag, eingeführt. Für kleinere Brennereien war eine Aufschlagabfindung zugelassen.

In Württemberg bestand gegen Ende des 17. Jahrhunderts ein Umgeld, das durch Königliche Verordnung vom 31. Juli 1807 zur allgemeinen Steuer erhoben und durch eine dem Hersteller auferlegte Fabrikatsteuer von 3 K für die Maß (1,837 l) Branntwein ergänzt wurde. Im Jahre 1821 folgte eine Kontingentierung des Umgeldes. Der Gesamtertrag wurde im voraus für drei Jahre auf je 736150 fl., 1824 für weitere drei Jahre auf je 579060 fl. festgesetzt und auf die steuerpflichtigen Wirtschaften verteilt. Diese Kontingentierung bewährte sich nicht, sie wurde durch Gesetz vom 9. Juli 1827 beseitigt und neben einem inzwischen bereits als Biersteuer erhobenen Malzaufschlage eine Fabrikatsteuer und Schankabgabe eingeführt. Das

Gesetz hatte große Mängel, die schließlich abgestellt wurden, indem man mit dem Gesetze von 19. September 1852 zur Maischraumsteuer für die Verarbeitung mehliger Stoffe, zur Materialsteuer für die Verarbeitung nichtmehliger Stoffe überging. Daneben wurde der Branntweinkleinverkauf mit einer nach Art und Umfang der Gewerbebetriebe gestaffelten Abgabe belegt. Auch dieses Gesetz befriedigte nicht auf längere Zeit. Durch Gesetz vom 21. August 1865 wurde die Maischraum- und Materialsteuer wieder aufgehoben und nur das zur Branntweinbereitung verwendete Malz mit dem damals auch in Bayern üblichen Aufschlage belastet. Die Abgabe vom Branntweinkleinverkaufe wurde unter Änderung der Staffelsätze beibehalten.

In Baden wurde der Branntwein im 18. Jahrhundert in den verschiedenen Gebietsteilen verschieden besteuert, eine einheitliche Branntweinsteuer aber erst durch die Akziseordnung von 1812 eingeführt. Die Steuer wurde nach der Leistungsfähigkeit der Brennblase festgesetzt; sie betrug $^1/_2$ K von der Maß ($1^1/_2$ l) des Blaseninhalts und 24 Stunden. 1814 erlaubte man den Brennereien, die Steuer als Kesselgeld in einem Betrage für das ganze Jahr zu entrichten; 1828 wurde das Kesselgeld mit 2—4 K von der Maß für landwirtschaftliche Brennereien, mit 4—8 K von der Maß für gewerbliche Brennereien eingeführt, die Steuersätze wurden je nach den verarbeiteten Stoffen verschieden bemessen. 1837 wurde die verschiedene Behandlung der landwirtschaftlichen und gewerblichen Brennereien beseitigt und ein einheitlicher Satz von $^{2}/_{3}$ K für die Maß des Blaseninhalts und den Monat festgesetzt. Die Steuer durfte auf 1, 3, 6, 9 oder 12 Monate gezahlt werden. Durch Gesetz vom 26. März 1852 (Regierungsblatt S. 80) wurde die Steuer erhöht; sie betrug für jeden Monat und jede Maß des Kesselraumgehalts 3 K bei einfachen Kesseln ohne Vor- oder Maischwärmer, $4^{1}/_{2}$ K bei Kesseln mit Vor- oder Maischwärmer und 6 Kr. bei Dampfbrennereien. Die Gesetze vom 29. Juni 1874, 18. Dezember 1879 und 24. April 1882 (Bad. GVBl. 1874 S. 380, 1879 S. 853, 1882 S. 73) brachten weitere Erhöhungen der Steuersätze.

In Norddeutschland wurde im 16. und 17. Jahrhundert eine Steuer vom Branntwein in den Städten erhoben. Die Verwaltung war durch Akziseordnungen geregelt. Friedrich der Große führte durch Patent vom 14. April 1766 die französische Regie in Preußen ein; die Steuer wurde erhoben, bevor der Branntwein in den Verbrauch überging. Unter Friedrich Wilhelm II. wurde die Regie 1787 wieder abgeschafft und ein neues Akzisereglement erlassen. Die neuere Entwicklung der Branntweinsteuer beginnt in Preußen mit den Edikten vom 28. Oktober 1810. Das Edikt wegen der Mühlengerechtigkeit und Aufhebung des Mühlenzwangs usw. vom genannten Tage (GS. S. 95) beseitigte den Branntweinzwang, d. h. das Recht, den Verbraucher zu zwingen, seinen Branntwein ausschließlich von dem berechtigten Brenner oder Schankwirt zu beziehen. Das Edikt über die neuen Konsumtions- und Luxussteuern vom 28. Oktober 1810 in Verbindung mit dem Reglement vom gleichen Tage wegen Zahlung, Erhebung und Kontrollierung der Konsumtionssteuer (GS. S. 33 und 40) führte eine neue Branntweinsteuer ein. Vom Getreide zum Branntweinbrennen sollten im ganzen entrichtet werden:

vom	Berliner	Scheffel	Weizen	18	g.	Gr.
„	„	„	Roggen	14	„	„
„	„	„	Gerste	12	„	„,

und zwar bei der Anmelduug des Schrotes zur Mühle

für	den	Scheffel	Weizenschrot	3	g.	Gr.	
„	„	„	Roggenschrot	2	„	„	4 Pf.
„	„	„	Gerstenschrot	2	„	„	

und durch den Blasenzins für das Quart gewöhnlichen Branntweins 10 Pf., mithin von einem Scheffel

Weizen	zu 18	Quart	= 180	Pf.	= 15	g.	Gr.	
Roggen	„ 14	„	= 140	„	= 11	„	„	8 Pf.
Gerste	„ 12	„	= 120	„	= 10	„	„	

Der Brenner sollte in 24 Stunden ¼ des Raumgehalts der zum Gebrauche freigegebenen Blase als erzeugten Branntwein versteuern. Wurde die Blase nicht gebraucht, so sollte sie amtlich verschlossen werden. Leistete die Blase mehr, als nach dem Gesetz angenommen war, „so ergab die Schrotsteuer, wieviel verhältnismäßig mehr gebrannt war, und der Brenner mußte nachsteuern.[2]"

Wurde Branntwein aus anderen Stoffen als den genannten drei Getreidearten hergestellt, so sollte eine Steuer von 1 g. Gr. für das Berliner Quart von 3° Stärke gezahlt und durch den Blasenzins nach einem besonderen Tarif erhoben werden.

Auf Beschwerden der Brenner wurde der Blasenzins noch vor seiner Einführung für das platte Land außer Geltung gesetzt. Das Edikt vom 7. September 1811 (GS. S. 253) führte dann zu einer verschiedenen Behandlung von Stadt und Land. Für die größeren Städte wurden die Branntweinsteuern des Edikts vom 28. Oktober 1810 aufrechterhalten; für die kleinen Städte und das Land wurde die ergänzende Schrotsteuer aufgehoben, im übrigen aber die Abgabe vom Branntwein auf 3 Pf. für das Berliner Quart herabgesetzt; sie sollte durch den Blasenzins erhoben werden. Dies kam aber nicht zur Ausführung, weil die Ermittlung der Leistungsfähigkeit der Blasen Schwierigkeiten begegnete. Anstatt des Blasenzinses wurde daher eine Schrotsteuer erhoben, von Weizen 4½, von Roggen 3½, von Gerste 3 g. Gr. für den Berliner Scheffel; für Kartoffeln wurde ein Steuersatz von 1¼ g. Gr. für den Scheffel vorgesehen.

---

[2] Schimmelpfennig, Die preußischen indirekten Steuern, 2. Auflage, Berlin 1855 S. 16.

Das Gesetz vom 8. Februar 1819 (GS. S. 97 ff.) ordnete wieder allgemein die Erhebung der Branntweinsteuer durch den Blasenzins an. Der Steuersatz wurde bei einem als Regel angenommenen Betriebe auf 1 g. Gr. 3 Pf. für 4 Quart Blaseninhalt und 24 Stunden Abtriebszeit festgesetzt; für Brennereien mit langsamem Betriebe wurden Ermäßigungen, für Brennereien mit schnellerem Betriebe Erhöhungen vorgesehen. Infolge technischer Fortschritte im Betriebe wirkte indessen der Blasenzins je länger je mehr ungleich. Durch Regulativ vom 1. Dezember 1820 ging man daher für die Verarbeitung von Getreide und anderen mehligen Stoffen zur Maischraumsteuer über, die auf 1 Gr. für jede 20 Quart des Raumgehalts der Maischgefäße und jede Einmaischung bemessen wurde. Für Brennereien, die nichtmehlige Stoffe verarbeiteten, blieb es beim Blasenzinse. Durch Kabinetsorder vom 20. Juni 1822 (GS. S. 176) erhielt das Regulativ Gesetzeskraft. Den Brennereien gelang es, durch bessere Ausnutzung des Maischraums an Steuer zu sparen. Durch Kabinettsorder vom 10. Januar 1824 wurde daher der Steuersatz auf 1 Sgr. 6 Pf., für landwirtschaftliche Brennereien, die an einem Tage nicht mehr als 900 Quart Bottichraum zum Einmaischen ansagen, auf 1 Sgr. 4 Pf. erhöht. Für die Branntweinerzeugung aus nichtmehligen Stoffen wurde anstatt des Blasenzinses eine Materialsteuer eingeführt.

Nach dem Zustandekommen des Zollvereins

wurde unter dem 30. März 1833 (GS. S. 230) zwischen Preußen und dem Königreich Sachsen, unter dem 11. Mai 1833 (GS. S. 265) zwischen diesen Staaten und dem Thüringischen Zoll- und Handelsvereine die gleiche Besteuerung des Branntweins nach dem preußischen Gesetz und eine Gemeinschaftlichkeit des Ertrages dieser Steuer vereinbart. Die damit begründete Steuergemeinschaft wurde durch die Verträge vom 8. Mai 1841 (GS. S. 154) und 4. April 1853 (GS. S. 434) erneuert und durch den Beitritt des Herzogtums Braunschweig (Übereinkunft vom 19. Oktober 1841 GS. S. 378), des Fürstentums Lippe (Vertrag vom 18. Oktober 1841 GS. S. 345), des Königreichs Hannover (Vertrag vom 7. September 1851 GS. 1853 S. 349) und des Großherzogtums Oldenburg (Vertrag vom 1. März 1852 GS. 1853 S. 355) erweitert.

Die Brennereien machten in der Ausnutzung des Maischraums Fortschritte, so daß die Einnahmen aus der Steuer trotz höherer Branntweinerzeugung zurückgingen. Diesem Rückgange versuchte man entgegenzuarbeiten, indem man durch Kabinettsorder vom 16. Juni 1838 (GS. S. 358) die Maischbottichsteuer auf 2 Sgr., für landwirtschaftliche Brennereien auf 1 Sgr. 8 Pf., durch Gesetz vom 19. April 1854 (GS. S. 265) und Verordnung vom 1. Juni 1854 (GS. S. 266) vom 1. August 1854 ab auf 2 Sgr. 6 Pf. und für landwirtschaftliche Brennereien auf 2 Sgr. 3 Pf., und vom 1. August 1855 ab auf 3 Sgr. und für landwirtschaftliche Brennereien auf 2 Sgr. 6 Pf. heraufsetzte. Brennereien, die Rüben oder Melasse verarbeiteten, wurden von 1854 ab in gleicher Weise der Maischbottichsteuer unterworfen.

Durch Verordnung vom 11. Mai 1867 (GS. S. 633) wurde das preußische Gesetz über die Erhebung der Maischbottichsteuer auf die neuen Provinzen Hessen-Nassau, Schleswig-Holstein und Hannover ausgedehnt, durch Art. 35, 38 der Verfassung des Norddeutschen Bundes vom 24. Juni 1867 (GS. S. 817) die Gemeinschaftlichkeit des Branntweinsteuerertrages für das Norddeutsche Verwaltungsgebiet ausgesprochen und darauf durch Bundesgesetz vom 8. Juli 1868 (BGBl. S. 384) die Maischbottichsteuer auch in den übrigen Teilen des Bundesgebiets, in Mecklenburg-Schwerin und -Strelitz, Lauenburg, Lübeck und in dem zum Norddeutschen Bunde gehörigen Teile des Großherzogtums Hessen eingeführt. Vorher war in Kurhessen auf Grund der Gesetze vom 6. März 1831, 2. April 1835, 25. Juni 1840 und 31. Oktober 1848 ein Blasenzins, im Großherzogtume Hessen auf Grund der Gesetze von 1827 und 1836 eine Branntweintranksteuer, seit 1842 die Maischbottichsteuer, in den mecklenburgischen Städten eine Branntweinschrot-Mahlsteuer, in Lübeck eine Branntweinsteuer von dem zur Mühle gesandten Korn erhoben worden.

Das Maischbottichsteuergesetz des Norddeutschen Bundes wurde durch Reichsgesetz vom 16. Mai 1873

(RGBl. S. 111) vom 1. Juli 1873 ab in Elsaß-Lothringen eingeführt; die bis dahin erhobenen Abgaben, nämlich die Verbrauchsabgabe — droit de consommation — und die Eingangsabgabe — droit d'entrée — wurden gleichzeitig außer Geltung gesetzt. Für Bayern, Württemberg und Baden wurde im Artikel 35 Abs. 2 der Reichsverfassung vom 16. April 1871 (BGBl. S. 63) die Besteuerung des inländischen Branntweins der Landesgesetzgebung vorbehalten. Durch Reichsgesetz vom 19. Juli 1879 (RGBl. S. 259) in Verbindung mit dem Beschlusse des Bundesrats vom 23. Dezember 1879 § 655 d. Prot. wurde die Rückvergütung der Branntweinsteuer für den zu gewerblichen Zwecken einschließlich der Essigbereitung verwendeten Branntwein nach demselben Satze wie bei der Ausfuhr gewährt. Damit war die Branntweinsteuergesetzgebung zu einem gewissen Abschlusse gebracht. Der Branntweinsteuergemeinschaft des Norddeutschen Bundes standen die Steuergebiete der drei süddeutschen Staaten gegenüber. Der Wille, eine Übereinstimmung der Branntweinsteuergesetzgebung für Deutschland herbeizuführen, war vorhanden und hatte im Art. 35 Abs. 2 der Reichsverfassung einen Ausdruck gefunden. Über den einzuschlagenden Weg aber gingen die Meinungen auseinander. Da eine gründliche Neuordnung der Branntweinsteuergesetzgebung ebenso notwendig war wie die Beschaffung von Mehreinnahmen, legten die verbündeten Regierungen im

Februar 1886 dem Reichstage den Entwurf eines Branntweinmonopols vor (RV. II, 1885/86 Anl. 165). Es war als Vollmonopol geplant; der Vertrieb des Branntweins sollte im großen und im kleinen durch staatlich entlohnte Verkäufer besorgt werden. Der Monopolentwurf fand nicht die Zustimmung des Reichstags. Zwei weitere Entwürfe der verbündeten Regierungen, von denen der eine für den Fall der Zurückweisung des andern aufgestellt war, wurden ebenfalls abgelehnt (RV. II, 1885/86 Anl. 294, 311). Nach diesen Entwürfen sollte die bestehende Maischbottichsteuer und Materialsteuer um zehn Hundertteile ermäßigt, daneben aber von dem zu Genußzwecken zur Verwendung kommenden Branntwein eine Verbrauchsabgabe erhoben werden.

Dem neugewählten Reichstage ging im Frühjahr 1887 ein weiterer Entwurf eines Branntweinsteuergesetzes zu, der als Gesetz vom 24. Juni 1887 (RGBl. S. 253) am 1. Oktober desselben Jahres in Kraft trat, und zwar nicht allein in Norddeutschland und Elsaß-Lothringen, sondern mit Zustimmung der süddeutschen Staaten auch in Bayern, Württemberg, Baden sowie in den Hohenzollernschen Landen (Kaiserliche Verordnungen vom 27., 23., 9. und 25. September 1887, RGBl. S. 491, 487, 485 und 489). Damit wurden die Vorschriften des Gesetzes vom 8. Juli 1868 und 19. Juli 1879 für das gesamte Gebiet der Branntweinsteuergemeinschaft in Geltung gesetzt und neben der Maischbottichsteuer und Materialsteuer eine Verbrauchsabgabe innerhalb des Kontingents mit 0,50 M., außerhalb des Kontingents mit 0,70 M., sowie Zuschläge zur Verbrauchsabgabe eingeführt. Das Gesetz vom 24. Juli 1887 wurde in den folgenden Jahren durch eine Reihe von Novellen weiter ausgebaut. Durch Gesetz vom 7. April 1889 (RGBl. S. 49) wurden die Vorschriften über den Reinigungszwang, die sich als undurchführbar erwiesen, wieder aufgehoben, durch Gesetz vom 8. Juni 1891 (RGBl. S. 338) die Kontingente kleinerer landwirtschaftlicher Brennereien erhöht, die Materialsteuersätze für kleinere Materialbrennereien ermäßigt, auch die Betriebsfrist landwirtschaftlicher Brennereien erweitert. Durchgreifende Neuerungen brachte das Gesetz vom 16. Juni 1895 (RGBl. S. 265); die Kontingentierungsvorschriften wurden neu geordnet, die Kontingentsabschnitte von drei Jahren auf fünf Jahre ausgedehnt, die Neufestsetzung der Kontingente in das letzte Jahr des vorhergehenden Abschnitts verlegt, die Veranlagung zum Kontingente bestimmter geregelt, insbesondere die Veranlagung wegen Unregelmäßigkeit des Betriebes beseitigt, eine Höchstgrenze für den Fall einer Neubeteiligung am Kontingent oder einer Kontingentserhöhung eingeführt, eine allmähliche Herabsetzung hoher Kontingente vorgesehen. Landwirtschaftliche Brennereien und Materialbrennereien sollten auf Antrag von der Erhebung der Maischbottich- oder Materialsteuer freigelassen werden und nach ihrem Betriebsumfange gestaffelte Zuschläge zur Verbrauchsabgabe entrichten. Endlich wurde die Brennsteuer für die Zeit bis zum 30. September 1901 versuchsweise eingeführt.

Das Gesetz vom 4. April 1898 (RGBl. S. 159) änderte die Grundlagen für das Gesamtkontingent, das bis dahin 4,5 l Alkohol auf den Kopf der bei der jedesmaligen letzten Volkszählung ermittelten Bevölkerung des Gebiets der Branntweinsteuergemeinschaft betrug; es sollte nunmehr in jedem fünften Jahre für die folgenden fünf Betriebsjahre nach dem Durchschnitte derjenigen Branntweinmengen festgesetzt werden, welche innerhalb der vorangegangenen fünf Jahre in den verbrauchsabgabenpflichtigen Inlandsverbrauch übergegangen waren. Im Einklange damit wurde auch der Anteil der süddeutschen Staaten an dem Gesamtkontingent anderweit geregelt.

Die Vorschriften über die Brennsteuer traten mit dem 30. September 1901 außer Wirksamkeit, da ihre Beibehaltung über diesen Tag hinaus im Reichstage abgelehnt worden war. Durch Gesetz vom 7. Juli 1902 (RGBl. S. 243 ff.) wurde indessen die Brennsteuer zum 1. Oktober 1902 mit Frist bis zum 30. September 1912 wieder eingeführt; dabei wurden die Brennereien zur Erzielung höherer Einnahmen stärker als früher herangezogen. Weiter wurde durch das angegebene Gesetz die Abgabenfreiheit für den zu wissenschaftlichen oder Heilzwecken verwendeten Branntwein auf den Branntwein eingeschränkt, der in öffentlichen wissenschaftlichen Anstalten oder in öffentlichen Kranken-, Entbindungs- und ähnlichen Anstalten gebraucht wird. Die Brenner erhielten mehr Freiheit beim Abbrennen ihres Kontingents; in Abfindungsbrennereien sollten die Kontingente auch dann als hergestellt angenommen werden, wenn sie in dem Kontingentsabschnitt überhaupt nicht oder nicht vollständig hergestellt worden waren; Brennereien, die nach dem 1. September 1902 betriebsfähig werden, sollten nur dann als landwirtschaftliche Brennereien angesehen werden, wenn bei Einhaltung der sonst vorgesehenen Bedingungen die erforderlichen Rohstoffe an Kartoffeln und Getreide, mit Ausnahme von Roggen, Weizen, Hafer und Gerste, in der Hauptsache von den Besitzern der Brennereien selbst gewonnen werden.

Endlich wurde durch Gesetz vom 8. April 1907 (RGBl. S. 91) bei landwirtschaftlichen Brennereien für den Fall einer Neubeteiligung am Kontingent oder einer Kontingentserhöhung die Höchstgrenze des Kontingentsfußes von 80000 auf 50000 l Alkohol herabgesetzt.

Durch die vielen Änderungen war das Branntweinsteuergesetz im Laufe der Jahre immer verwickelter und unübersichtlicher geworden. Die Maischbottichsteuer hatte sich so gestaltet, daß für das Hektoliter Alkohol 16 M vergütet wurden, während die Einnahmen nur ungefähr 12 ℳ betrugen. Um dies Mißverhältnis zu beseitigen, legten die verbündeten Regierungen dem Reichstage einen Gesetzentwurf über Maßnahmen gegen den Rückgang des Ertrages der Maischbottichsteuer vor, der einer Kommission überwiesen, aber schließlich nicht weiter beraten wurde, weil die Finanzlage des Reichs dazu nötigte, die Branntweinsteuergesetzgebung grundsätzlich umzugestalten. Bei der Entwicklung, die das Brennereigewerbe unter dem Gesetze vom 24. Juni 1887 genommen hatte, war eine solche Umgestaltung verhältnismäßig leicht zu erreichen durch den Übergang zu einem Handelsmonopol. Die vielseitigen Wünsche und Bestrebungen, die auf dem Gebiete der Branntweinsteuergesetzgebung im Laufe der Jahre hervorgetreten waren, ließen sich auf diesem Wege in weitem Umfange berücksichtigen. Die verbündeten Regierungen brachten daher unter dem 3. November 1908 den Entwurf eines Gesetzes über den Zwischenhandel des Reichs an den Reichstag. (RB. Anl. Bd. 248 Nr. 993.) Nach diesem Entwurfe sollte das Reich den Branntwein vom Brenner ankaufen, ihn reinigen und mit einem entsprechenden Aufschlag an den Destillateur, Händler oder Schankwirt weiter veräußern. Die höheren Einnahmen des Reichs sollten nicht allein aus erhöhten Preisen, sondern auch aus Ersparnissen gewonnen werden, die durch eine einheitliche Zusammenfassung des Betriebes erzielt werden konnten.

Im Reichstag überwogen Bedenken gegen das Handelsmonopol. Die 32. Kommission, der der Entwurf überwiesen wurde, lehnte bei der ersten Lesung in der Sitzung am 21. Januar 1909 den § 1 der Regierungsvorlage ab, setzte die Weiterberatung der Vorlage aus und beauftragte eine Unterkommission mit der Ausarbeitung eines Gesetzentwurfs, durch den die Maischbottichsteuer, Materialsteuer und Brennsteuer aufgehoben, ein höheres finanzielles Erträgnis aus der Verbrauchsabgabe sichergestellt, die nach Lage, Art und Größe der Brennereien verschiedenen Produktionskosten berücksichtigt und die Sonderrechte der süddeutschen Staaten gewahrt werden sollten.

Die Unterkommission trat am 22. Januar zusammen und einigte sich in einer Reihe von Sitzungen über bestimmte Grundzüge; den danach aufgestellten Entwurf überreichte sie der 32. Kommission unter dem 3. März 1909 als Grundlage für die weiteren Beratungen. Darauf folgten zwei Lesungen der Kommission in den Monaten März, April und Mai 1909; der nach den Kommissionsbeschlüssen geänderte und ergänzte Entwurf wurde von einer Redaktionskommission überarbeitet und mit Bericht vom 12. Juni 1909 der Vollversammlung des Reichstags unterbreitet. (RB. Anl. Bd. 256 Nr. 1449.) Hier wurde der Gesetzentwurf am 3. Juli 1909 in der zweiten Beratung (RB. Bd. 237, 274. Sitzung) und am 9. Juli 1909 in der dritten Beratung angenommen, bei der Gesamtabstimmung mit 229 gegen 137 Stimmen (RV. Bd. 237, 279. Sitzung). Der Bundesrat erklärte seine Zustimmung durch Beschluß vom 12. Juli 1909 § 609 d. Prot.

Das Branntweinsteuergesetz vom 15. Juli 1909 (RGBl. S. 661) beseitigt die Maischbottichsteuer, die Materialsteuer und die Zuschläge zur Verbrauchsabgabe. Damit bringt es eine wesentliche Vereinfachung. Als Einnahmequellen sind außer den Nachsteuern nur die Verbrauchsabgabe vom Branntwein und von der Essigsäure vorgesehen. Die Verbrauchsabgabe vom Branntwein beträgt 1,25 M, von der innerhalb des Kontingents hergestellten Alkoholmenge 1,05 M, für Branntwein, den Obstbrennereien und Stoffbesitzer aus selbsterzeugtem Obst, Wein, Most oder aus Rückständen davon oder aus Beeren und Wurzeln herstellen, bei einer Jahreserzeugung von nicht mehr als 30 l Alkohol 0,84 M vom Liter Alkohol. Die Verbrauchsabgabe von der im Inlande aus Holzessig oder essigsauren Salzen gewonnenen Essigsäure beträgt 0,30 M für das Kilogramm wasserfreier Säure. Daneben wird als Zwangsbeitrag der Brennereibesitzer zur Förderung der beteiligten Gewerbe eine Betriebsauflage erhoben. Aus den Einnahmen an Betriebsauflage werden Vergütungen für Branntwein gewährt, der zu gewerblichen Zwecken verwendet oder in das Ausland ausgeführt wird. Wer Essig für Genußzwecke aus Branntwein herstellt, erhält keine Vergütung der

Betriebsauflage; er wird aber dadurch geschützt, daß die Essigsäure aus Holzessig und essigsauren Salzen mit der Essigsäure-Verbrauchsabgabe belastet ist.

Während bei der unvollständigen Vergällung und bei der Ausfuhr im allgemeinen nur der Betrag vergütet wird, der im Durchschnitte für das Hektoliter Alkohol zur Erhebung gelangt, sind für den vollständig vergällten Branntwein Vergütungen in doppelter Höhe vorgesehen. Denn es soll der Branntwein, der zu Putz-, Heizungs-, Koch- und Beleuchtungszwecken gebraucht wird, im Interesse der Allgemeinheit tunlichst verbilligt werden.

Das Gesetz ist in neun Abschnitte eingeteilt. Der erste regelt mehr allgemeine Gegenstände, so die Einteilung der Brennereien in Brennereiklassen, die Abfindung, die Verwaltungskostenvergütung, außerdem aber die Branntweinverbrauchsabgabe. Die Branntweinverbrauchsabgabe ist Zweck und Ziel des ganzen Gesetzes, was auch äußerlich dadurch zum Ausdruck gelangt, daß sie mit ihren Vorschriften das Gesetz einleitet und als wesentlichster Gegenstand des ersten Abschnitts die Überschrift für diesen hergibt. Der zweite Abschnitt behandelt das Kontingent; er ist die Ausführung des § 2 Abs. 1 des Gesetzes und schließt sich so zutreffend an den ersten Abschnitt an. Auch die Stoffbesitzer erhalten im § 41 ein eigenes Recht, eine bestimmte Jahresmenge Alkohol zum niedrigeren Verbrauchsabgabensatze herzustellen. Im dritten Abschnitte folgt die

Betriebsauflage und ihre Verwaltung und Verwendung. Wie der § 2 Abs. 1 den zweiten Abschnitt einleitet und erläutert, so bildet der § 48 die Grundlage für den vierten Abschnitt, der die Festsetzung des Durchschnittsbrandes regelt. Wesen und Zweck des Durchschnittsbrandes ist mit der im Gesetz üblichen Kürze im § 48 dargelegt; nach dieser vorbereitenden Begründung konnte im vierten Abschnitt entwickelt werden, wie der Durchschnittsbrand für die einzelne Brennerei festzusetzen ist. Die Überschrift des Abschnitts bezeichnet, wie beim ersten Abschnitte, nur den Hauptgegenstand; daneben ist in den vierten Abschnitt die Vergällungspflicht aufgenommen, die den Durchschnittsbrand zur Unterlage hat und sich daher zweckmäßig an ihn anlehnt.

Der fünfte Abschnitt regelt die Überwachung der Branntweinerzeugung, d. h. die steuerliche Kontrolle. Der sechste Abschnitt bringt besondere Vorschriften, insonderheit die Branntweinzölle und die Essigsäureverbrauchsabgabe, der siebente die Strafvorschriften in den durch die Sache gegebenen Unterabteilungen, für die Branntweinverbrauchsabgabe und die Essigsäureverbrauchsabgabe. Den Schluß bilden die Übergangs- und Schlußvorschriften im achten und neunten Abschnitte.

Branntweinsteuergesetz.

Vom 15. Juli 1909 (RGBl. S. 661).

Wir Wilhelm, von Gottes Gnaden Deutscher Kaiser, König von Preußen ꝛc., verordnen im Namen des Reichs, nach erfolgter Zustimmung des Bundesrats und des Reichstags, was folgt:

Erster Abschnitt.

Branntweinverbrauchsabgabe.

§ 1.

Gegenstand.

Der im Inlande[1] hergestellte Branntwein[2] unterliegt einer in die Reichskasse fließenden[3][4] Verbrauchsabgabe.

BBrStG. § 1 Abs. 1.

[1] Im Gebiete der Branntweinsteuergemeinschaft, d. h. in dem Geltungsbereiche des Branntweinsteuergesetzes, dem deutschen Zollgebiete mit Ausnahme des Großherzogtums Luxemburg (GB. § 1). Zu dem deutschen Zollgebiete gehören die Zollanschlüsse Jungholz und Mittelberg; nicht dazu gehören die Zollausschlüsse Helgoland und die badischen Zollausschlüsse im Kreise Konstanz.
Wegen Luxemburg vgl. Anmerkung zu § 155.

[2] Branntwein in dem allgemeinen Sinne des § 1 als Gegenstand der Besteuerung ist Äthylalkohol in verschiedenen Erscheinungsformen, reiner Äthylalkohol, Äthylalkohol gemischt mit Wasser und anderen Bestandteilen, insonderheit für Genußzwecke zubereitet usw. Da Äthylalkohol auch im Wein, Bier usw. als wesentlicher Bestandteil in den Verkehr kommt, so ist es schwer, den Begriff des Branntweins sachgemäß und erschöpfend abzugrenzen. Das Gesetz vermeidet daher zweckmäßig eine Begriffsbestimmung. In Zweifelsfällen wird der Bundesrat zu entscheiden haben, ob ein Erzeugnis als Branntwein im Sinne des Gesetzes anzusehen ist (Reichsverfassung Art. 7 Abs. 1 Nr. 2).

Im engeren Sinne braucht das Gesetz den Begriff des Branntweins im Gegensatze zu Alkohol. Alkohol, nach dem bisher in Geltung gewesenen Branntweinsteuergesetze „reiner Alkohol", ist Branntwein, frei von Wasser und anderen Bestandteilen. Branntwein aber ist Alkohol gemischt mit Wasser und anderen Bestandteilen, wie er aus der Brennerei, der Reinigungsanstalt hervorgeht oder im Verkehre vorkommt. Die Verbrauchsabgabe wird nach der Alkoholmenge festgesetzt, die im Branntwein enthalten ist.

Branntwein wird durch Gärung und Destillation aus zuckerhaltigen Stoffen gewonnen. Die Gärung erfolgt in der Erzeugungsstätte, der Brennerei, wenn der Zucker in den zu verarbeitenden Stoffen unmittelbar vorhanden ist oder durch besondere Vorgänge, Mälzen, Maischen, erst gebildet werden muß. Die Gärung kann aber auch der Verarbeitung in der Brennerei vorausgehen, wenn nämlich vergorene und darum alkoholhaltige Stoffe, wie Wein, Bier, Bierrückstände verarbeitet werden.

Bei Gewinnung des Äthylalkohols entstehen Nebenerzeugnisse der Gärung und des Abbrennens, die Fuselöle.

Sollte Branntwein auf anderem Wege als durch Gärung und Destillation hergestellt werden, so würde er ebenfalls unter dieses Gesetz fallen; die Erzeugungsstätte aber würde in gleicher Weise wie die Brennerei der amtlichen Überwachung zu unterwerfen sein.

Der Verbrauchsabgabe unterliegt nicht bloß der zu Genußzwecken dienende Branntwein, sondern aller im Inlande hergestellter Branntwein, soweit er nicht durch ausdrückliche Vorschrift dieses Gesetzes von der Verbrauchsabgabe befreit ist.

3 Der im Bundesgebiete bereitete Branntwein gehört zu den Gegenständen, deren Besteuerung nach Artikel 35 der Reichsverfassung ausschließlich der Gesetzgebung des Reichs zusteht. In Bayern, Württemberg und Baden blieb die Besteuerung des inländischen Branntweins zunächst der Landesgesetzgebung vorbehalten. Im Jahre 1887 wurde Übereinstimmung der Gesetzgebung herbeigeführt; jedoch sollten einige Vorschriften nur mit Zustimmung der süddeutschen Staaten geändert werden können (vgl. A. 4 und A. 1 zu § 26).

Nach Artikel 38 der Reichsverfassung fließt in die Reichskasse der Ertrag der im Artikel 35 bezeichneten Abgaben, unter ihnen auch der der Branntweinsteuer, nach Abzug der auf Gesetzen oder allgemeinen Verwaltungsvorschriften beruhenden Steuervergütungen und Ermäßigungen, der Rückerstattungen für unrichtige Erhebungen und der Erhebungs- und Verwaltungskosten. Zu der Einnahme aus der Branntweinsteuer gehört nicht die Einnahme aus der Betriebsauflage (§§ 42 ff.); diese ist keine Steuer, sondern ein Zwangsbeitrag zur Förderung des Brennereigewerbes (vgl. A. 1 zu § 42).

4 Nach § 5 Abs. 3 des Gesetzes, betreffend Änderungen im Finanzwesen, vom 15. Juli 1909 (RGBl. S. 743 ff.) wird die Reineinnahme aus der Branntweinsteuer den einzelnen Bundesstaaten nach dem Maßstabe der Bevölkerung, mit der sie zu den Matrikularbeiträgen herangezogen werden, überwiesen. Diese Vorschrift kann nur mit Zustimmung der drei süddeutschen Staaten

geändert werden. Bei Berechnung der Überweisungen bleibt die Betriebsauflage (§§ 42 ff.) außer Betracht.

§ 2.
Höhe.

Die Verbrauchsabgabe beträgt von der innerhalb des Kontingents[1] (§§ 24 bis 41) hergestellten Alkoholmenge 1,05 Mark, von der außerhalb des Kontingents hergestellten Menge 1,25 Mark für das Liter Alkohol.

Obstbrennereien[2] (§ 12) und Brenner der im § 41 bezeichneten Art[3] entrichten für Branntwein, den sie aus selbsterzeugtem Obst, Wein, Most oder aus Rückständen davon (Trester, Hefe)[4] oder aus Beeren und Wurzeln[5] herstellen, bei einer Jahreserzeugung von nicht mehr als 30 Liter Alkohol[6] eine um zwei Zehntel ermäßigte Verbrauchsabgabe[7]. Die Vorschriften im § 40 Abs. 1 und § 41 sind entsprechend anzuwenden[8].

BBrStG. § 1 Abs. 2.

[1] Der Brennereibesitzer darf bis zur Höhe des Kontingents seiner Brennerei den im Betriebsjahre erzeugten Branntwein zum Verbrauchsabgabensatze von 1,05 M oder unter Anrechnung auf das Kontingent zum Verbrauchsabgabensatze von 1,25 M abfertigen lassen. Im letzteren Falle werden über den Kontingentswert von der Direktivbehörde Kontingentsscheine ausgefertigt, soweit der Kontingentswert nicht bei der Hebestelle gegen die Betriebsauflage aufgerechnet wird (BO. § 153).

Der Geldbetrag, über den der Kontingentsschein lautet, kann auf Branntwein-Verbrauchsabgabe oder auf

Betriebsauflage statt barer Zahlung angerechnet werden. Eine bare Herauszahlung auf Kontingentsscheine wird nicht geleistet (BO. § 156; vgl. auch A. 6 zu § 4).

Die Gültigkeit des Kontingentsscheins erlischt mit Ablauf eines Jahres, vom Beginne des auf die Ausfertigung folgenden Monats ab gerechnet. Die nachträgliche Anrechnung ungültig gewordener Kontingentsscheine kann von der Direktivbehörde, welche die Scheine ausgefertigt hat, genehmigt werden (BO. § 158).

[2] Auch ihnen gleichgestellte Brennereien (§ 12 Abs. 2).

[3] Stoffbesitzer, die die bezeichneten Stoffe auf einer fremden Brennvorrichtung verarbeiten, weil sie eine eigene Brennvorrichtung nicht haben.

[4] Nur aus selbstgewonnenen Rückständen (vgl. § 41).

[5] Die Vorschrift im Absatz 2 ist als Ausnahmevorschrift streng auszulegen. Unter „Wurzeln" sind nur solche zu verstehen, welche bisher in Obstbrennereien verarbeitet worden sind, insonderheit Enzianwurzeln. Beispielsweise darf Branntwein, der aus Maniokawurzeln u. dgl. gewonnen werden sollte, nicht der Ermäßigung aus Absatz 2 teilhaftig werden.

[6] Stellt ein Brennereibesitzer oder Stoffbesitzer im Jahresdurchschnitte der in Betracht kommenden Betriebsjahre des Kontingentsabschnitts mehr als 30 l Alkohol her, so unterliegt die gesamte im Laufe des Kontingentsabschnitts erzeugte Alkoholmenge der Verbrauchsabgabe nach § 2 Abs. 1 (BO. § 309a, vgl. auch A. 8).

[7] 0,84 M für das Liter Alkohol (BO. § 309a).

[8] Die Brennereibesitzer und Stoffbesitzer dürfen innerhalb des zehnjährigen Kontingentsabschnitts, und zwar zunächst in der Zeit vom 1. Oktober 1908 bis einschließlich 30. September 1918, in beliebigen Betriebsjahren insgesamt 10×30 l, also 3 hl Alkohol zu dem ermäßigten Verbrauchsabgabensatze herstellen. Für das Betriebsjahr 1908/09 wird diejenige Alkoholmenge anzurechnen sein, die sie in diesem Betriebsjahre zum

Abgabensatze von 0,50 M für das Liter Alkohol erzeugt haben. Sind die Brennereien erst im Laufe des Kontingentsabschnitts entstanden oder haben die Stoffbesitzer ihren Betrieb erst im Laufe des Abschnitts aufgenommen, so dürfen sie im ganzen nur für jedes Betriebsjahr des Kontingentsabschnitts seit Eröffnung des Betriebes, das Jahr der Eröffnung mitgerechnet, je 30 l Alkohol herstellen. (Vgl. A. 2 zu § 40 und A. 6 zu § 41.)

§ 3.

Befreiung[1].

Von der Verbrauchsabgabe befreit bleibt[2]:

1. Branntwein[3], der ausgeführt wird[4];
2. Branntwein, der zu gewerblichen Zwecken einschließlich der Essigbereitung, zu Putz-, Heizungs-, Koch- oder Beleuchtungszwecken verwendet wird, nach näherer Bestimmung des Bundesrats[5];
3. der Schwund bei der unter amtlicher Überwachung erfolgten Reinigung, Lagerung und Versendung von Branntwein[6].

Die Befreiung von der Verbrauchsabgabe tritt nach näherer Bestimmung des Bundesrats auch dann ein, wenn durch elementare Ereignisse oder unverschuldete Vorgänge Branntwein vernichtet worden oder unbrauchbar geworden ist[7], sowie in allen Fällen, in denen überwiegende Gründe der Billigkeit für eine Befreiung sprechen.

Der Bundesrat wird ermächtigt, auch solchen Branntwein[8] von der Verbrauchsabgabe freizulassen,

der in öffentlichen Kranken-, Entbindungs- und ähnlichen Anstalten oder in öffentlichen wissenschaftlichen Lehranstalten[9] verwendet wird.

BBrStG. § 1 Abs. 5, 6. Ges. v. 19. 7. 1879 § 1.

[1] Die Befreiung erstreckt sich auf Branntwein, der unter amtlicher Überwachung, d. h. unter steuerlicher Kontrolle steht, und noch nicht in den freien Verkehr übergegangen ist; sie wird gewährt durch Erlaß der Branntweinverbrauchsabgabe. Wegen Vergütung der Betriebsauflage vgl. §§ 54 ff.

Für Branntwein, der sich im freien Verkehre befunden hat, kann auf Grund der Vorschriften im § 3 eine Befreiung von der Verbrauchsabgabe nur aus Gründen der Billigkeit gewährt werden, und zwar, auch wenn der Branntwein durch elementare Ereignisse oder unverschuldete Vorgänge vernichtet worden ist, nur dann, wenn der Branntwein unmittelbar nach der amtlichen Abfertigung in dem Abfertigungsraum oder in dessen Nähe vor den Augen der Steuerbeamten zugrunde gegangen ist (GB. § 58).

[2] Branntwein, der einen größeren Gehalt an Nebenerzeugnissen der Gärung und des Abbrennens als ein Hundertstel des Gewichts der in ihm enthaltenen Alkoholmenge besitzt, ist von der Steuerfreiheit auf Grund des Abs. 1 Nr. 2 und des Abs. 3 ausgeschlossen; roher oder gereinigter Branntwein, der einen größeren Gehalt an solchen Nebenerzeugnissen aufweist, wird zur steuerfreien Ausfuhr (Abs. 1 Nr. 1) nicht zugelassen. Die Direktivbehörde kann in Ansehung des Gehalts an Nebenerzeugnissen im Einzelfalle Ausnahmen zulassen (BfrO. § 1 Abs. 7 und § 59 Abs. 1).

[3] Liköre, Trinkbranntwein, versetzter Branntwein, Fruchtsäfte, Punschessenzen und sonstige zur Verwendung bei der Herstellung von Genußmitteln bestimmte Essenzen,

ferner Fluidextrakte, Tinkturen und andere flüssige alkoholhaltige Heilmittel können auf Grund der Nr. 1 unter Erlaß der Verbrauchsabgabe ausgeführt werden, wenn der in den Fabrikaten enthaltene Branntwein sich nicht im freien Verkehre befunden hat (BfrO. § 48 Abs. 1, c und d, § 49 Abs. 2); ist der in den Fabrikaten enthaltene Branntwein im freien Verkehre gewesen, so wird die Verbrauchsabgabe auf Grund des § 4 erstattet (vgl. A. 5 zu § 4).

4 Für Branntwein und Branntweinfabrikate, die in zollsicher abgeschlossenen Räumen zum Zwecke der Ausfuhr bearbeitet oder verarbeitet werden sollen, kann die oberste Landesfinanzbehörde genehmigen, daß die Steuerfreiheit schon bei der Aufnahme in die zollsicher abgeschlossenen Räume (das Ausfuhrlager) gewährt wird (BfrO. § 58).

5 Die Befreiung von der Verbrauchsabgabe auf Grund der Vorschrift unter Nr. 2 wird in der Regel gewährt nach Vergällung des Branntweins (BfrO. §§ 2 bis 28), in besonderen Fällen, nämlich an militärtechnische Anstalten und an Anstalten für die Herstellung von Pulver und Knallquecksilber, ohne Vergällung auf Grund eines Nachweises über die Verwendung (BfrO. §§ 29 bis 46, vgl. auch Anm. 8). Die Betriebsauflage wird in diesen besonderen Fällen nicht vergütet, vgl. A. 3 zu § 54.

6 Unter dem „Schwund" ist ein Alkoholverlust zu verstehen, der lediglich auf natürliche Einflüsse, Verdunstung oder das gewöhnliche Lecken der Behältnisse zurückzuführen ist. Der Schwund wird in Reinigungsanstalten und Branntweinlagern unter amtlichem Mitverschlusse durch amtliche Bestandsaufnahmen ermittelt. Die bei den Bestandsaufnahmen festgestellten Fehlmengen sind abgabenfrei zu lassen. Eine Versteuerung findet nur statt, wenn als erwiesen anzunehmen ist, daß in der Reinigungsanstalt oder im Lager Hinterziehungen der Verbrauchsabgabe begangen sind, oder

wenn in einer Reinigungsanstalt oder in einem Lager zur Erleichterung der Eingangsabfertigung auf den, einen bestimmten Prozentsatz überschreitenden Schwundnachlaß verzichtet ist und eine größere Fehlmenge ermittelt wird (LO. § 32, RO. § 27). Eine unter amtlicher Überwachung erfolgte Versendung liegt insonderheit dann vor, wenn der Branntwein mit unverletztem Verschlusse oder unter ununterbrochener Begleitung angekommen ist (BglO. § 32). Wegen Vergütung der Betriebsauflage vgl. § 58 und Anmerkungen dazu.

[7] BglO. § 36.

[8] Der Branntwein wird an die im Abs. 3 angegebenen Anstalten ohne Vergällung auf Grund eines Nachweises über die Verwendung frei von der Verbrauchsabgabe abgelassen (BfrO. §§ 29 bis 46, vgl. auch Anm. 5). Die Betriebsauflage wird nicht vergütet vgl. A. 3 zu § 54.

[9] Deren Hauptzweck in der Lehrtätigkeit besteht.

§ 4.

Vergütung.

Bei der Ausfuhr[1] von Trinkbranntweinen[2] aus dem freien Verkehre[3] sowie von Erzeugnissen[4], zu deren Herstellung Branntwein aus dem freien Verkehre verwendet worden ist, wird nach näherer Bestimmung des Bundesrats[5] eine Vergütung[6] der Verbrauchsabgabe gewährt.

BBrStG. § 12. Gef. 8. 7. 1868 § 5.

[1] Werden Branntweine oder Branntweinfabrikate des freien Verkehrs zur Ausfuhr gegen Steuervergütung abgefertigt, so wird der Branntweinbegleitschein I gebraucht, um die Ausfuhr nachzuweisen (BglO. § 1).

Zur Ermittlung des Alkoholgehalts von Likören, Essenzen usw. dienen zwei kleine Thermo-Alkoholometer für scheinbare Stärken von 0 bis 30 und von 29 bis 57 Gewichtsprozent (AO. § 2 Abs. 4 und § 16 Abs. 2).

Die Ermittlung der Alkoholstärke erfolgt nach Gewichtsprozenten. Wird indessen bei Parfümerien die Alkoholstärke nach Raumprozenten angemeldet, so können nach näherer Bestimmung des Hauptamts Alkoholometer angewendet werden, die Raumprozente angeben (BfrO. § 65 Abs. 1).

² Von solchen Trinkbranntweinen, welche in dieser Gestalt schon aus der Brennerei hervorgegangen und deshalb unter den Begriff der „Erzeugnisse" nicht zu bringen sind. Als Trinkbranntweine dieser Art kommen unter anderen die Branntweine aus nichtmehligen Stoffen in Betracht, insoweit sie in den nach § 15 abgefundenen Brennereien erzeugt werden und deshalb schon mit ihrer Herstellung in den freien Verkehr gelangen. Die Vorschrift in § 16, nach der die Landesregierungen die abgabenfreie Lagerung des in solchen Brennereien hergestellten Branntweins behufs späterer Ausfuhr gestatten dürfen, genügt für den Zweck der Ausfuhr aus dem Grunde nicht, weil die Mehrzahl dieser Betriebe zu klein ist, um von der Vorschrift Gebrauch zu machen. (Aus der Begründung zu der Novelle vom 15. Juni 1895 RB. III 1894/95 Anl. Bd. 2 Nr. 235 S. 978.)

Für den aus Zwetschen oder Kirschen hergestellten Branntwein in Flaschen bis zu einem Liter oder in Fässern bis zu 100 l Raumgehalt (§ 56 Nr. 2) ist die Vergütung der Verbrauchsabgabe hiernach auch in den Fällen zu gewähren, in denen der Branntwein sich im freien Verkehre befunden hat. Wegen Vergütung der Betriebsauflage vgl. A. 4 zu § 56.

³ Die Vergütung wird auch dann bewilligt, wenn der Branntwein aus dem Auslande eingebracht und nach Verzollung in den freien Verkehr gelangt ist (BfrO. § 57 Abs. 1).

⁴ „Erzeugnissen", hier lediglich eine Verdeutschung

des Begriffes der „Fabrikate", der in dem bisher in Geltung gewesenen Branntweinsteuergesetze gebraucht worden ist (vgl. auch A. 2 zu § 145).

[5] Die Vergütung wird durch Erstattung der Verbrauchsabgabe gewährt für Trinkbranntweine und die sonst in A. 3 zu § 3 bezeichneten Fabrikate, ferner für alkoholhaltige Parfümerien, Kopf-, Zahn- und Mundwässer sowie für gewisse Äther (BfrO. §§ 48 bis 76). Waren die in A. 3 zu § 3 bezeichneten Branntweine oder Branntweinfabrikate nicht im freien Verkehre, so wird die Verbrauchsabgabe auf Grund der Vorschrift im § 3 Abs. 1 Nr. 1 erlassen (vgl. A. 3 zu § 3). Wegen Vergütung der Betriebsauflage vgl. A. 2 zu § 57.

[6] Über die zu gewährenden Steuervergütungen (Erstattung der Verbrauchsabgabe sowohl als auch Vergütung der Betriebsauflage) werden Branntweinsteuervergütungsscheine erteilt (BfrO. §§ 77 bis 83). Der Betrag, über den der Vergütungsschein lautet, kann ebenso wie der Betrag der Kontingentsscheine auf Branntweinverbrauchsabgabe und auf Betriebsauflage statt barer Zahlung angerechnet werden; er kann aber auch vom 25. Tage des sechsten Monats nach dem Monate der Abfertigung von jedem Inhaber bei jeder Hebestelle bar erhoben werden (BfrO. § 79). Wegen Erlöschens der Gültigkeit der Vergütungsscheine und nachträglicher Anrechnung ungültig gewordener Vergütungsscheine gelten dieselben Bestimmungen wie in Ansehung der Kontingentsscheine (BfrO. § 81; vgl. auch A. 1 Abs. 3 zu § 2).

§ 5.

Fälligkeit.

Die Verbrauchsabgabe ist zu entrichten[1], sobald der Branntwein aus der amtlichen Überwachung[2] in den freien Verkehr tritt[3].

BBrStG. § 3 Abs. 1.

[1] Die Entrichtung der Verbrauchsabgabe wird dem Zeitpunkte, in dem der Branntwein tatsächlich in den Verbrauch übergeht, tunlichst nahe gerückt. Dadurch werden die amtlich überwachten Branntwein-Reinigungsanstalten und Branntwein-Verschlußlager von der Notwendigkeit befreit, von dem während der Reinigung und Lagerung eintretenden Schwund die Verbrauchsabgabe zu bezahlen und so größere Summen für längere Zeit zu verauslagen (vgl. § 3 Abs. 1 unter 3).

[2] Verdeutschung der „steuerlichen Kontrolle" im § 3 des bisher in Geltung gewesenen Branntweinsteuergesetzes.

[3] Für inländischen Branntwein, der nach der Abfertigung im freien Verkehre versandt wird, kann die Erhebung des festgestellten Abgabenbetrages auch mit Branntweinbegleitschein II dem Begleitschein-Empfangsamte überwiesen werden (BglO. § 1 Abs. 1 unter c). Vorausgesetzt ist, daß die auf dem Branntweine ruhende Abgabe mindestens 50 M beträgt (BglO. § 16).

§ 6.

Person des Zahlungspflichtigen.

Zur Entrichtung der Abgabe ist verpflichtet, wer den Branntwein zur freien Verfügung erhält[1].

BBrStG. § 3 Abs. 2.

[1] Die Vorschrift erleichtert im Zusammenhange mit § 5 die Abwälzung der Verbrauchsabgabe auf den Verbraucher. Besteuert werden soll die durch den Verbrauch und namentlich durch den Trinkverbrauch bekundete Leistungsfähigkeit.

§ 7.

Stundung[1].

Die Abgabe kann gegen Sicherheitsbestellung[2] auf sechs Monat, ohne Sicherheitsbestellung auf

Als Sicherheit ist auch die Verpfändung von Branntwein anzusehen, der sich in einem Branntweinlager unter amtlichem Mitverschlusse befindet[3].

BBrStG. § 3 Abs. 3.

[1] Die Stundung der Verbrauchssteuern gehört mit zu ihrer Erhebung und ist daher nach Art. 36 der Reichsverfassung Landessache.

[2] Der Bundesrat hat in den §§ 52 bis 54 der Grundbestimmungen einige allgemeine Vorschriften gegeben, unter anderen, daß die oberste Landesfinanzbehörde die Grundsätze bestimmt, nach denen die Sicherheit zu leisten ist, und die Voraussetzungen, unter denen gestundete Beträge vor Ablauf der Stundungsfrist eingezogen werden können. Danach haben die obersten Landesfinanzbehörden der einzelnen Bundesstaaten die Stundung eingehender geordnet. So ist in Preußen die Reichsabgaben-Stundungsordnung vom 6. März 1908 erlassen (PrZBl. S. 211), im Königreich Sachsen die Stundungsordnung für Reichsabgaben vom 24. Dezember 1906 (Verordnungsblatt der Königlich Sächsischen Zoll- und Steuerdirektion S. 1711 ff.); in Württemberg sind die Vorschriften für die Stundung der Zölle und Reichssteuern vom 15. Januar 1900 gegeben (Amtsblatt des Königlich Württembergischen Steuerkollegiums S. 73 ff.), in Baden die Vorschriften über die Stundung von Zöllen und Reichssteuern vom 26. Februar 1894 und die Verordnung über die Annahme von Sicherheiten für gewährte Kredite usw. vom 21. Dezember 1899, geändert und ergänzt durch die Verordnungen vom 14. März 1906, 10. Januar 1907, 7. Februar 1908 und 4. August 1909 (BadZVBl. 1894 S. 139, 1900 S. 1, 1906 S. 70, 1907 S. 18, 1908 S. 39 und 1909 S. 6).

[3] Die Verpfändung von Branntwein als Sicherheit für gestundete Branntweinsteuer war in einigen Bundes-

staaten schon vorher zugelassen, so im Königreich Sachsen (§ 16 der Stundungsordnung vom 24. Dezember 1906), im Großherzogtume Baden (§ 13 der Verordnung vom 28. September 1887, die Besteuerung des Branntweins betreffend, BadZVBl. S. 257, Anlage E, BadGVBl. S. 329, und § 16 Abs. 2 der Vorschriften vom 26. Februar 1894 — BadZVBl. S. 139ff.).

§ 8.

Haftung des Branntweins[1].

Der Branntwein haftet ohne Rücksicht auf die Rechte Dritter[2] für die darauf ruhende Verbrauchsabgabe und kann, solange diese nicht entrichtet ist, von der Verwaltungsbehörde mit Beschlag belegt[3] oder zurückbehalten[4] werden[5 6].

Vereinszollgesetz § 14.

[1] Die Vorschrift ist zur Sicherung der Verbrauchsabgabe aufgenommen; sie ermöglicht der Landesfinanzverwaltung unter Umständen, mehr Entgegenkommen bei Stundung der Verbrauchsabgabe zu beweisen.

[2] Der redliche Besitz eines Dritten beseitigt das Recht des Steuerfiskus (BGB. § 932). Branntwein, der sich im redlichen Besitz eines Dritten befindet, darf daher nicht mit Beschlag belegt werden.

[3] Für die Beschlagnahme ist eine bestimmte Form nicht vorgeschrieben. Einen Anhalt für die Ausführung kann die Ausführungsbestimmung zu § 13 des Preußischen Verwaltungsstrafgesetzes vom 26. Juli 1897 (GS. S. 237) bieten:

„Die Beschlagnahme erfolgt dadurch, daß die Beamten — nötigenfalls nach zwangsweiser Besitzergreifung — einen Gegenstand in Verwahrung nehmen oder in anderer Weise sicherstellen."

[4] Auch für das „Zurückbehalten", die Ausübung des Zurückbehaltungsrechts, wird es einer besonderen Form nicht bedürfen. Eine schriftliche, vielleicht in einer Verhandlung abgegebene Erklärung in Verbindung mit der Nichtausantwortung des noch unter amtlicher Überwachung, „steuerlicher Kontrolle", befindlichen Branntweins wird ausreichen.

[5] Die „Beschlagnahme" und das „Zurückbehalten" begründen für den Steuerfiskus ein Absonderungsrecht an dem Branntwein, das dem Faustpfandrecht gleich steht, allen anderen Absonderungsrechten, auch im Konkursverfahren, vorgeht und durch § 137 StGB. strafrechtlich geschützt ist.

[6] Die dingliche Haftung des Branntweins ist nicht nur für die Verbrauchsabgabe, sondern auch für die Nachsteuer (§ 148) ausgesprochen. In gleicher Weise haftet die Essigsäure für die Essigsäureverbrauchsabgabe und die Essigsäure-Nachsteuer (§ 110 Abs. 4). Für die Betriebsauflage ist eine dingliche Haftung des Branntweins nicht vorgesehen.

§ 9.
Verjährung.

Ansprüche auf Zahlung und Erstattung von Verbrauchsabgabe verjähren in einem Jahre von dem Tage des Eintritts der Zahlungspflicht[1] oder der Zahlung ab. Der Anspruch auf Nachzahlung hinterzogener Gefälle verjährt in drei Jahren.

Die Verjährung wird durch jede von der zuständigen Behörde[2] zur Geltendmachung des Anspruchs gegen den Zahlungspflichtigen[3] gerichtete Handlung unterbrochen.

BBrStG. § 16.

[1] §§ 5, 15 Abs. 1.
[2] Hebestelle, Hauptamt, Direktivbehörde, oberste Landesfinanzbehörde.
[3] §§ 6, 15 Abs. 1.

§ 10.
Landwirtschaftliche Brennereien[1].

Als landwirtschaftliche Brennereien gelten Brennereien, die ausschließlich Kartoffeln oder Getreide[2] verarbeiten und bei deren Betriebe die sämtlichen Rückstände in einer oder mehreren den Eigentümern oder Besitzern der Brennerei gehörenden oder von ihnen betriebenen Wirtschaften verfüttert werden und der erzeugte Dünger vollständig auf dem den Eigentümern oder Besitzern der Brennerei gehörenden oder von ihnen bewirtschafteten Grund und Boden verwendet wird.

In den nach dem 1. September 1902 betriebsfähig hergerichteten Brennereien müssen außerdem die zur Verarbeitung kommenden Rohstoffe an Kartoffeln und Getreide, mit Ausnahme von Roggen, Weizen, Buchweizen, Hafer und Gerste, in der Hauptsache von den Eigentümern oder Besitzern der Brennerei selbst gewonnen sein. Bei Genossenschaftsbrennereien, die als solche nach dem 1. September 1902 entstanden sind, müssen ferner die so gewonnenen Rohstoffe in der Hauptsache von den einzelnen Teilnehmern nach Verhältnis ihrer Beteiligung an der Brennerei geliefert und außerdem die sämtlichen Betriebsrückstände von den Teilnehmern in diesem

Verhältnisse verfüttert werden. Der Bundesrat wird ermächtigt, im Falle von Mißernten und[3] für Genossenschaftsbrennereien, die vor dem 1. September 1907 als solche bestanden haben, Ausnahmen zu gestatten.

BBrStG. § 41 I Abs. 2, 3.

[1] Die landwirtschaftliche Brennerei dient als landwirtschaftliches Nebengewerbe zur Hebung der Landeskultur; sie ermöglicht eine nutzbringende Verwertung von geernteten Bodenfrüchten, durch die gewonnenen Rückstände, die Schlempe, eine vermehrte Viehhaltung und durch diese eine reichlichere Düngung des Ackers. Der Umfang des Brennereibetriebes sollte zweckmäßig zu dem Viehbestand und der bewirtschafteten Ackerfläche im richtigen Verhältnisse stehen.

[2] Zum Getreide sind auch Hülsenfrüchte, Mais und Dari zu rechnen, nicht aber Reis. Kartoffelstärke und Kartoffelmehl sind den Kartoffeln, Getreidemehl, Malz, Malzkeime und Abfälle von Malz sind dem Getreide gleichzuachten (VO. § 3 Abs. 3).

[3] Von der Ermächtigung, Ausnahmen für landwirtschaftliche Genossenschaftsbrennereien zu gestatten, hat der Bundesrat einstweilen noch nicht Gebrauch gemacht.

§ 11.

Nach näherer Bestimmung des Bundesrats[1] kann der Brennereibetrieb als landwirtschaftlicher auch dann behandelt werden, wenn Schlempe[2] oder Dünger vorübergehend[3] veräußert oder wenn neben Kartoffeln und Getreide im Zwischenbetriebe[4] nichtmehlige[5] Stoffe allein verarbeitet werden.

BBrStG. § 41 I Abs. 3.

[1] BO. §§ 5, 6.

[2] Es empfiehlt sich, die Möglichkeit zu eröffnen, daß landwirtschaftliche Brennereien bei allgemeiner Futternot Schlempe an umwohnende Landwirte abgeben dürfen (Begründung zu der Novelle vom 16. Juni 1895, RB. III 1894/95 Anl. Bd. 2 Nr. 235 S. 979).

[3] „Vorübergehend", damit der Brennereibetrieb nicht aus dem Rahmen der landwirtschaftlichen Interessen herauswächst.

[4] Im Zwischenbetriebe, d. h. innerhalb derjenigen Zeitabschnitte, für welche die Brennerei zum Betriebe mit mehligen Stoffen nicht angemeldet ist. Ein zu berücksichtigender Zwischenbetrieb wird etwa in den Fällen anzunehmen sein, in denen er im Verhältnis zu dem Umfange des Betriebes mit Kartoffeln oder Getreide eine untergeordnete Bedeutung besitzt. (Begründung zu der Novelle vom 16. Juni 1895, RB. III. 1894/95 Anl. Bd. 2 Nr. 235 S. 979.)

Abtrieb von Material im Zwischenbetriebe ist nur während der Brennfrist zulässig (BO. §§ 128, 243). Abfindung für den Zwischenbetrieb (BO. § 219, vgl. A. 7 zu § 15).

[5] Mehlige Stoffe sind Stoffe, die Stärkemehl enthalten, insonderheit Kartoffeln und Getreide; nichtmehlige Stoffe sind Stoffe, die kein Stärkemehl enthalten, insonderheit Wein, Obst, Beeren, Melasse (BO. § 3 Abs. 1).

§ 12.

Obstbrennereien.

Als Obstbrennereien gelten Brennereien, die ausschließlich [1] Obst, Beeren oder Rückstände davon verarbeiten.

Die für Obstbrennereien gegebenen Vorschriften

sind in gleicher Weise auf Brennereien[2] anzuwenden, die Wein[3], Weinhefe, Most, Wurzeln oder Rückstände davon oder von der Bierbereitung[4] ausschließlich oder neben Obst, Beeren oder Rückständen davon verarbeiten[5].

BBrStG. § 41 III Abs. 1.

[1] Ohne Beimischungen aus anderen Stoffen (BO. § 7 Abs. 1).

[2] Die den Obstbrennereien gleichgestellten Brennereien (BO. § 7 Abs. 2).

[3] Auch Obst- und Beerenwein (BO. § 7 Abs. 2).

[4] Auch umgeschlagenes Bier, Tropfbier und sonstige Bierrückstände.

[5] Brennereien, die neben den angegebenen Stoffen oder gemischt mit ihnen andere Stoffe verarbeiten oder die dem Obst usw. Zucker, Zuckerwasser und ähnliche Stoffe zum Zwecke der Erzielung einer höheren Alkoholausbeute zusetzen, sind als Obstbrennereien oder diesen gleichgestellte Brennereien nicht mehr anzusehen, sondern als gewerbliche Brennereien zu behandeln.

§ 13.

Gewerbliche Brennereien[1].

Als gewerbliche Brennereien sind alle Brennereien welche Hefe erzeugen[2], sowie diejenigen anzusehen, welche weder zu den landwirtschaftlichen Brennereien noch zu den Obstbrennereien und den diesen gleichgestellten Brennereien gehören[3]. Jedoch gelten solche Brennereien, die bereits vor dem 1. April 1909 als landwirtschaftliche Brennereien mit Hefenerzeugung betrieben sind, auch fernerhin als landwirtschaftliche

Brennereien, solange sie die Bedingungen der §§ 10, 11 erfüllen[4].

BBrStG. § 42 I Abs. 2.

[1] Die gewerblichen Brennereien sind in der Regel im Interesse einer möglichst günstigen Verwertung des Kapitals errichtet. Die landwirtschaftlichen Hefebrennereien sind aus dem Rahmen der landwirtschaftlichen Brennereien herausgewachsen und deshalb unter Schonung der bestehenden landwirtschaftlichen Hefebrennereien grundsätzlich in die Klasse der gewerblichen Brennereien verwiesen.

[2] Gleichviel, ob sie im alten (Wiener) oder im Würzeverfahren (Lüftungsverfahren) Hefe erzeugen, ob sie von allen Bottichbemaischungen oder nur von einem Teile der Bemaischungen Hefe gewinnen.

[3] Landwirtschaftliche Brennereien und Obstbrennereien einschließlich der diesen gleichgestellten Brennereien, welche die Bedingungen ihrer Klasse in irgendeinem Zeitpunkte des Betriebsjahres nicht erfüllen, sind vom Beginne dieses Betriebsjahres ab als gewerbliche Brennereien zu behandeln (BO. § 9 Abs. 3). Materialbrennereien im Sinne des bisher in Geltung gewesenen Branntweinsteuergesetzes, welche andere als die durch § 12 zugelassenen Stoffe verarbeiten, insbesondere die Hefenbrühebrennereien, gehen mit dem 1. Oktober 1909 in die Klasse der gewerblichen Brennereien über (vgl. A. 3 zu § 27).

[4] Landwirtschaftliche Brennereien, die nach dem Inkrafttreten des Gesetzes zur Hefebereitung übergehen, erleiben eine Kürzung des Kontingents nach §§ 33, 39, verlieren ihren Durchschnittsbrand zur Hälfte (§ 71), entrichten die Betriebsauflage aus § 43 Nr. 1 und 3 und unterliegen, wenn sie im Würzeverfahren arbeiten, der Vergällungspflicht nach § 72 Abs. 1 Nr. 1. Landwirtschaftliche Brenne-

reien, die nach dem 31. März, aber vor dem 1. Oktober 1909 zur Hefenerzeugung übergegangen sind, erleiden keine Kürzung im Durchschnittsbrande, weil ein Übergehen zum gewerblichen Betriebe im Sinne des § 71 erst dann vorliegt, wenn die Brennerei den Betriebswechsel nach dem Inkrafttreten des Gesetzes vorgenommen hat; sie werden am Schlusse des Betriebsjahres 1908/09 im Kontingente, bei der Neufestsetzung der Einzelkontingente im Betriebsjahre 1917/18 im Kontingentsfuße auf Grund der Vorschriften im § 2 Abs. 3 b und Abs. 5 BBrStG. gekürzt. Im übrigen erfahren sie dieselbe Behandlung wie die nach dem Inkrafttreten des Gesetzes zur Hefenbereitung übergegangenen Brennereien.

§ 14.

Verschlußbrennereien[1].

Die Brennereien sind gemäß den §§ 82 bis 88 einzurichten (Verschlußbrennereien), soweit nicht in den §§ 15, 17 Ausnahmen vorgesehen sind.

BBrStG. § 5 Abs. 1.

[1] Verschlußbrennereien sind Brennereien, in denen unter Anlegung von Steuerverschlüssen die Menge des Branntweins mit Hilfe von Sammelgefäßen oder Meßuhren amtlich ermittelt wird (BO. § 1).

[2] Nach den Vorschriften in den §§ 14, 15, 17 sind als Verschlußbrennereien einzurichten

a) alle nach dem 30. September 1909 betriebsfähig hergerichteten Brennereien,
b) alle vor dem 1. Oktober 1909 betriebsfähig hergerichteten Brennereien, die in einem Betriebsjahre mehr als 30 hl Alkohol herstellen.

Erleichterungen siehe § 88.

§ 15.

Abfindung der Brennereien[1].

Brennereien, die in einem Betriebsjahre[2] nicht mehr als 10 Hektoliter Alkohol herstellen (Kleinbrennereien)[3] können abgefunden werden, sofern sie vor dem Inkrafttreten dieses Gesetzes betriebsfähig hergerichtet sind; auf sie finden alsdann die Vorschriften der §§ 5, 6, 82 bis 93 keine Anwendung. Die Verbrauchsabgabe ist nach näherer Bestimmung des Bundesrats[4] von derjenigen Alkoholmenge, welche aus dem angemeldeten Maischbottichraum oder der zur Verarbeitung auf Branntwein angemeldeten Stoffmenge hergestellt oder welche während der erklärten Abtriebszeit mit der zum Gebrauche bestimmten Brennvorrichtung nach ihrer Leistungsfähigkeit gewonnen werden kann, im voraus durch die Verwaltungsbehörde bindend festzusetzen und, soweit nicht Stundung eintritt, drei Monate nach Herstellung des Branntweins vom Brennereibesitzer zu entrichten[5]. Die sofortige Einziehung ist zulässig, wenn der Zahlungspflichtige in Vermögensverfall gerät.

In gleicher Weise[6] können nach näherer Bestimmung des Bundesrats auf Antrag vor dem Inkrafttreten dieses Gesetzes betriebsfähig hergerichtete Brennereien abgefunden werden, die in einem Betriebsjahre mehr als 10 Hektoliter, aber nicht mehr als 30 Hektoliter Alkohol erzeugen[7].

BBrStG. § 13 Abs. 1.

[1] Abfindungsbrennereien sind Brennereien, in denen unter Abstandnahme von einer Verschlußanlegung die Menge des Branntweins ohne oder mit Vorbehalt der Vorführung zur Abfertigung amtlich abgeschätzt wird (BO. § 1).

[2] 1. Oktober bis einschließlich 30. September (GB. § 3).

[3] Der von den Stoffbesitzern (§ 41), die ihren Betrieb selbst anmelden, hergestellte Branntwein ist auf die 10 hl Alkohol nicht anzurechnen (BO. § 8a).

[4] Nach den Ausführungsbestimmungen (BO. §§ 215 bis 341) ist zu unterscheiden

A. die Abfindung auf einen bestimmten Abgabenbetrag und zwar
   1. nach dem Bottichraume (BO. §§ 243 bis 247);
   2. nach der Leistungsfähigkeit der Brennvorrichtung (BO. §§ 248 bis 267);
   3. nach der Stoffmenge mit Materialüberwachung (BO. §§ 268 bis 292);
   4. nach der Stoffmenge (BO. § 268);

B. die Abfindung auf die Mindestmenge (BO. §§ 322 bis 324).

Die Abfindung unter A, 1 bis 3 ist anzuwenden bei Brennereien, die in einem Betriebsjahre mehr als 5, aber nicht mehr als 30, die unter A 4 bei Brennereien, die in einem Betriebsjahre nicht mehr als 5 hl Alkohol erzeugen, die unter A 1 bei Brennereien, die mehlige Stoffe, die unter A 2 und 3 bei Brennereien, die Material (nichtmehlige Stoffe mit Ausnahme der Rübenstoffe und Zellstoffe BO. § 3 Abs. 2) verarbeiten. Die Direktivbehörde kann in bestimmten Grenzen Ausnahmen zulassen (BO. § 221).

Wegen der Abfindung unter B vgl. § 17.

Für Preußen ist die Abfindung dahin geordnet, daß sämtliche mehlige Stoffe verarbeitende Brennereien nach dem Bottichraum, sämtliche Material verarbeitende Brennereien, mit der im § 322 Abs. 1 der Brennereiordnung vorgesehenen Ausnahme, nach der Leistungsfähigkeit der Brennvorrichtung abzufinden sind (Allg. Verf. des Herrn Finanzministers vom 17. September 1909 PrZBl. S. 341).

[5] Die Verpflichtung zur Entrichtung der Abgabe wird bei den Abfindungsbrennereien den Brennereibesitzern selbst auferlegt, weil diese den Branntwein sogleich nach der Herstellung zur freien Verfügung erhalten und zumeist unmittelbar an die Verbraucher ablassen. Da die Abgabe erst drei Monate nach Herstellung des Branntweins zu entrichten ist, ohne daß dafür in der Regel während der Zwischenzeit Sicherheit zu leisten ist, und da weiter die Zulässigkeit der Stundung ausdrücklich erwähnt ist, so werden die Besitzer der Abfindungsbrennereien auch von der Verauslagung der Abgabenbeträge befreit bleiben (Begründung zu § 13 des Gesetzes vom 24. Juni 1887, RB. I 1887, Anl. Bd. 2 Nr. 90 S. 791).

[6] Gleichfalls nach den Vorschriften des ersten Absatzes. Wenn die Brennereien mit einer Jahreserzeugung von nicht mehr als 10 hl und die Brennereien mit einer Jahreserzeugung von mehr als 10, aber nicht mehr als 30 hl Alkohol im § 15 getrennt behandelt worden sind, so hat das seinen Grund in dem technischen Aufbau des Gesetzes, der eine Sonderstellung der Kleinbrennereien notwendig machte.

[7] Das Hauptamt kann Verschlußbrennereien für den Zwischenbetrieb mit Material auf Antrag von der Verschlußkontrolle befreien und der Abfindung unterwerfen (BO. § 219).

§ 16.

Die Landesregierung[1] kann gestatten, daß der in einer abgefundenen[2] Brennerei erzeugte Branntwein unter Abstandnahme von der Erhebung der Verbrauchsabgabe unter amtliche Überwachung gestellt wird[3].

VBrStG. § 13 Abs. 2.

[1] Die Direktivbehörde (BO. § 321).

[2] Im Falle der Abfindung auf einem bestimmten Abgabenbetrag.

[3] Zum Zwecke späterer Ausfuhr (§ 4) oder auch zum Zwecke späterer Überführung in den freien Verkehr — vgl. § 13 Abs. 2 des Gesetzes von 24. Juni 1887 in seiner ursprünglichen Fassung.

§ 17.

In besonderen Fällen[1] ist Abfindung mit der Maßgabe zulässig, daß die Mindestmenge des zur Abfertigung vorzuführenden Alkohols (§§ 97, 98) festgesetzt wird[2][3][4].

VBrStG. § 13 Abs. 3.

[1] In Fällen, in denen Abfindung nach § 15 zugelassen ist, also nur für Brennereien, die in einem Betriebsjahre nicht mehr als 30 hl Alkohol erzeugen.

[2] Die Abfindung auf die Mindestmenge (vgl. A. 4 unter B zu § 15) ist anzuwenden

a) auf alle Brennereien, die bei einer Jahreserzeugung von mehr als 10, aber nicht mehr als 30 hl Alkohol nichtmehlige Rückstände von der Bierbereitung, umgeschlagenes Bier, Tropfbier und sonstige Bierrückstände oder Hefenbrühe, allein oder gemischt mit anderen Stoffen, verarbeiten, für die Dauer dieser Verarbeitung (BO. § 322 Abs. 1).

Als Hefenbrühe gilt nur die dünnflüssige und treberfreie Würze der ausschließlich flüssige Hefe herstellenden Gewerbeanstalten (BO. § 294 Abs. 2);

b) auf Anordnung der Direktivbehörde in anderen als den unter a angegebenen Fällen, dauernd oder vorübergehend statt der Abfindung auf einen bestimmten Abgabenbetrag,
   α) wenn im Betriebsjahre mehr als 10, aber nicht mehr als 30 hl Alkohol erzeugt werden;
   β) wenn durch die Abfindung auf einen bestimmten Abgabenbetrag das Steueraufkommen gefährdet erscheint;
   γ) wenn die Abfertigung von Branntwein beantragt wird, der unter amtliche Überwachung gestellt werden soll (BO. § 322 Abs. 2).

[3] Der Bundesrat hat im § 67 Abs. 3—5 der Brennereiordnung die obersten Landesfinanzbehörden ermächtigt, bei Obstbrennereien und ihnen gleichgestellten Brennereien, die im Betriebsjahre mehr als 30 hl Alkohol herstellen und bisher der Abfindung unterlegen haben, von der Verschlußanlage abzusehen und eine besonders geregelte Abfindung auf die Mindestmenge eintreten zu lassen, wenn anzunehmen ist, daß bei der Betriebsweise der Brennerei die Verschlußeinrichtung nicht ohne empfindliche Schädigung des Betriebes erfolgen könnte.

[4] Von der Abfindung auf die Mindestmenge ist zu unterscheiden die Festsetzung der Mindestmenge des zur Abfertigung vorzuführenden Alkohols (§ 86 und A. 3 dazu, § 98).

§ 18.

Amtliche Überwachung.

Der Branntwein[1] und seine Herstellung[2] unterliegen zum Zwecke der Erhebung der Verbrauchsabgabe der amtlichen Überwachung.

BBrStG. § 1 Abs. 1, § 11 Abs. 1.

[1] Der Branntwein bleibt unter amtlicher Überwachung, nach dem Sprachgebrauch des bisher in Geltung gewesenen Gesetzes unter steuerlicher Kontrolle, „bis er zur Ausfuhr oder behufs Verwendung zu gewerblichen usw. Zwecken abgefertigt oder bis die Verbrauchsabgabe gezahlt oder gestundet wird“ (BBrStG. § 11 Abs. 1).

[2] Zur „Herstellung“ des Branntweins im Sinne dieser allgemeinen grundlegenden Vorschrift gehört auch der Feinbrand und die Reinigung in besonderen Anstalten. Der beim ersten Abtriebe, dem Rauhbrande, gewonnene Branntwein (Lutter, Rohbranntwein) darf während der Brennfrist einem ein- oder mehrmal wiederholten Abtriebe (Wienen, Feinbrand) unterworfen werden (BO. §§ 192—201). Wegen der Reinigung des Branntweins in amtlich überwachten Anstalten vgl. § 19 und Anmerkungen dazu.

§ 19.

Unter amtlicher Überwachung[1] stehender Branntwein darf[2] mit Begleitschein versendet[3], in amtlich zu verschließende[4] Lager[5] aufgenommen und in amtlich überwachten Anstalten gereinigt[6] werden[7]. Der Bundesrat ordnet die Ausführung und bestimmt auch die Bedingungen und Überwachungsmaßnahmen, unter denen der Branntwein zum Zwecke der Ausfuhr weiter bearbeitet werden darf[8].

BBrStG. § 11 Abs. 3.

[1] Unter steuerlicher Kontrolle.

[2] Die Branntwein-Begleitscheinordnung, die Branntwein-Lagerordnung und Branntwein-Reinigungsordnung sind mit einigen Änderungen und Ergänzungen mit Wirkung vom 1. Oktober 1909 ab in Geltung geblieben

(BRB. vom 14. Oktober 1909, § 723 d. Prot. RZBl. S. 945, 1283).

[3] Mit Branntwein=Begleitschein I, der hier den Zweck hat, die Gestellung des unter amtlicher Über=wachung zu versendenden inländischen Branntweins bei dem Begleitschein=Empfangsamte zur weiteren Ab=fertigung oder die Ausfuhr von solchem Branntwein zu sichern (BglO. § 1 Abs. 1 unter a).

[4] Durch Kunstschlösser; daneben ist der Lagerraum vom Lagerbesitzer unter Privatverschluß zu halten (LO. § 1).

[5] Die Vergünstigung, unter amtlicher Überwachung stehenden Branntwein zu lagern, wird von der Direktiv=behörde und mit deren Ermächtigung von den Haupt=ämtern, auf Antrag widerruflich bewilligt (LO. §§ 2, 4, GB. § 30).

Brennereibesitzern können Branntweinlager bewilligt werden, in die, soweit nicht die Direktivbehörde Aus=nahmen gestattet, nur Branntwein aufgenommen werden darf, der in der Brennerei erzeugt ist (Brennereilager). Dem Brennereibesitzer darf auch der Sammelgefäßraum als Lager bewilligt und für die Zeit des Ruhens der Brennerei die Verwendung der amtlichen Sammelgefäße als Lagergefäße gestattet werden (LO. § 3).

Die Lagerung des Branntweins erfolgt in Lager=gefäßen, die der Besichtigung überall zugänglich sind und auf Füßen, Schienen u. dgl. ruhen (LO. § 6), aber auch in Versandgefäßen (LO. §§ 17, 18).

Alljährlich findet die ordentliche amtliche Aufnahme des im Lager befindlichen Branntweins statt — Be=standsaufnahme — (LO. §§ 27 ff.).

Der inländische Branntwein nimmt durch die Auf=nahme in ein Branntweinlager unter amtlichem Mit=verschlusse nicht die Eigenschaft einer unverzollten ausländischen Ware an, auch dann nicht, wenn zu dem Branntweinlager Räume benutzt werden, die sich in einer öffentlichen Zollniederlage befinden (LO. § 37, vgl. Begründung zu dem Gesetze vom 24. Juni 1887, RB. I 1887, Anl. Bd. 2, Nr. 90 S. 790). Wird aber Branntwein in die Räume einer Zollniederlage aufgenommen, die nicht als Branntweinlager bewilligt sind, so finden die Vorschriften der §§ 97 bis 106 des Vereinszollgesetzes und der dazu erlassenen Niederlageregulative mit der Maßgabe Anwendung, daß der niedergelegte Branntwein die Eigenschaft einer ausländischen Ware annimmt (LO. § 38).

Wegen der Ausfuhrlager vgl. A. 4 zu § 3.

[6] Die Befugnis, in einer besonderen Anstalt unter amtlicher Überwachung — steuerlicher Kontrolle — stehenden Branntwein zu reinigen, wird von der Direktivbehörde als Vergünstigung widerruflich bewilligt (RO. §§ 1—3, GB. § 30). Voraussetzung ist unter anderem, daß die Anstalt mindestens 10000 hl Alkohol im Betriebsjahre verarbeiten muß. Von der Einhaltung dieser Bedingung ist abzusehen bei Anstalten, die vor dem Inkrafttreten der Reinigungsordnung, d. h. vor dem 1. Oktober 1909, unter amtlicher Überwachung stehenden Branntwein gereinigt haben (BRB. v. 14. Oktober 1909, § 723 d. Prot.). Weiter kann Reinigungsanstalten, die als solche am 1. Oktober 1908 betriebsfähig bestanden, aber versteuerten Branntwein gereinigt haben und weniger als 10000 hl Alkohol im Betriebsjahre verarbeiten, unter den im § 2a der Reinigungsordnung vorgesehenen Bedingungen gestattet werden, unter amtlicher Überwachung stehenden Branntwein zu reinigen.

Die Branntwein-Reinigungsordnung unterscheidet:

a) Reinigungsanstalten, in denen der Branntwein unter dauerndem Steuerverschlusse steht (Abschnitt 2, §§ 32 bis 35);

b) Reinigungsanstalten, die unter ständiger amtlicher Bewachung stehen (Abschnitt 3, §§ 36 bis 44);

c) Reinigungsanstalten, in denen weder der Branntwein unter Steuerverschluß steht, noch eine amtliche Bewachung stattfindet (Abschnitt 4, §§ 45—51).

Die Erleichterungen des Abschnitts 4 dürfen nur Anstalten zuteil werden, die vor dem 1. Oktober 1900 unter steuerlicher Kontrolle stehenden Branntwein gereinigt haben und weder unter Verschluß, noch unter Bewachung gehalten worden sind. Im übrigen entscheidet die Direktivbehörde, nach welchem Abschnitte die Anstalt zu behandeln ist (RO. § 3).

Als Überwachungsmaßnahmen kommen außer dem Steuerverschlusse und der amtlichen Bewachung in Betracht: Anmeldung der Räume, Anmeldung und Vermessung der Geräte (RO. §§ 4 bis 6), Führung des Reinigungsbuchs über den in die Anstalt eingehenden und den wieder ausgehenden Branntwein (RO. § 11), amtliche Abfertigung des Branntweins zur Aufnahme in die Anstalt und zum Ausgang aus der Anstalt (RO. §§ 12, 19), Revisionen, Einsicht der Einkaufs-, Lager-, Fabrikations- und Verkaufsbücher der Anstalt durch die Oberbeamten der Steuerverwaltung (RO. § 18), die ordentliche, alljährlich einmal stattfindende amtliche Aufnahme des in der Reinigungsanstalt befindlichen Branntweins — Bestandsaufnahme — (RO. §§ 22 bis 28), Vertragsstrafen (RO. § 2 unter c und § 31 Abs. 2).

[7] Bei Ausfertigung des Branntwein-Begleitscheins I sowie vor der Aufnahme des Branntweins in ein Branntweinverschlußlager oder in eine Reinigungsanstalt im Sinne der Reinigungsordnung kann auf Antrag die Feststellung der in dem Branntwein enthaltenen Alkoholmenge unterbleiben, wenn die Alkoholmenge bereits bei einer Vorabfertigung festgestellt war und der Branntwein seitdem ununterbrochen unter amtlichem Raumverschlusse (BglO. § 8) oder unter amtlicher Begleitung oder Verwahrung gestanden hat (BglO. § 7, LO. § 12 Abs. 2, RO. § 12 Abs. 2).

[8] Zweiter Abschnitt, §§ 48ff. der Branntweinsteuer-Befreiungsordnung.

§ 20.

Die amtliche Überwachung der Brennereien, Lager, der Reinigungsanstalten und sonstigen Gewerbsanstalten, in denen unter amtlicher Überwachung stehender Branntwein verarbeitet wird[1], erfolgt, unbeschadet der Vorschriften in den §§ 103 bis 105[2], gebührenfrei[3].

Für die Überwachung der Arbeiten in einem Branntweinlager unter amtlichem Mitverschlusse werden Gebühren nicht erhoben[4].

BBrStG. § 11 Abs. 3.

[1] Die Vorschrift erstreckt sich nur auf die amtliche Überwachung der Brennereien, Lager, Reinigungsanstalten und besonders bezeichneten Anstalten. Unter den in den §§ 70 bis 73 der Grundbestimmungen angegebenen Voraussetzungen sind daher für Branntweinabfertigungen, Überwachung von Branntweinsendungen und in anderen Fällen Gebühren zu erheben.

[2] Für die Überwachung einer Brennerei, eines Lagers oder einer Reinigungsanstalt sind Gebühren zu erheben, wenn die Gewerbeanstalt auf Grund der §§ 103 bis 105 besonderen Aufsichtsmaßnahmen unterworfen ist (GB. § 69 Abs. 2).

[3] Die aufkommenden Gebühren werden für Rechnung der Bundesstaaten erhoben (GB. § 79).

[4] Die Vorschrift im Abs. 2 ist im Reichstage auf besonderen Wunsch hinzugefügt worden; sie wiederholt nur für einen besonderen Fall die Überwachung der Arbeiten in einem Lager, was im Abs. 1 bereits allgemein ausgesprochen ist.

§ 21.

Vergällung des Branntweins.

Die Vergällung (Denaturierung) des Branntweins erfolgt unter amtlicher Überwachung: sie ist entweder vollständig, das heißt eine solche, die an sich als genügend erachtet wird, den Branntwein zum Trinkgebrauch unverwendbar zu machen[1], oder unvollständig, d. h. eine solche, neben der weitere Maßnahmen zur Verhütung der mißbräuchlichen Verwendung des Branntweins zu treffen sind[2].

[1] „Zur vollständigen Vergällung dient, vorbehaltlich einer anderen Bestimmung des Bundesrats, ein Gemisch von vier Raumteilen Holzgeist und einem Raumteile Pyridinbasen (allgemeines Vergällungsmittel), welchem bei seiner Zusammensetzung Lavendelöl oder Rosmarinöl bis zu 50 g auf jedes volle Liter hinzugefügt werden darf. Von dem Gemische sind dem zu vergällenden Branntweine 2,5 l auf je 100 l Alkohol zuzusetzen.

Die vollständige Vergällung kann auch in der Weise erfolgen, daß dem Branntwein 1,25 l des allgemeinen Vergällungsmittels und außerdem 0,25 l Kristallviolettlösung und 2 bis 20 l Benzol auf je 100 l Alkohol zugesetzt werden" (BfrO. § 3).

Zur Zusammensetzung des allgemeinen Vergällungsmittels sind von den obersten Landesfinanzbehörden bestimmte Gewerbeanstalten (Mischstellen) ermächtigt worden (BfrO. § 6).

Vollständig vergällter Branntwein darf nicht verwendet werden zur Herstellung von Essig für Genußzwecke, zur Herstellung von Erzeugnissen, die als Ersatz von Branntwein genossen werden können, und von alkoholhaltigen Fabrikaten, die zum menschlichen Genusse dienen können. In Ansehung der Erzeugnisse, die als Ersatz von Branntwein genossen werden können, darf die Direktivbehörde Ausnahmen zulassen. Im Falle des Bedürfnisses kann die oberste Landesfinanzbehörde für den Verbleib und die Verwendung des vollständig vergällten Branntweins amtliche Überwachungsmaßnahmen anordnen (VfrO. § 14). Vollständig vergällter Branntwein, in dem das Alkoholometer eine Stärke von weniger als 80 Gewichtsprozent anzeigt, darf weder verkauft noch feilgehalten werden.

2 Zur unvollständigen Vergällung werden besondere Vergällungsmittel angewendet, und zwar

a) zu gewerblichen Zwecken aller Art, einschließlich der Herstellung bestimmter Heilmittel:

5 l Holzgeist oder 0,5 l Pyridinbasen auf 100 l Alkohol (VfrO. § 4 unter a); an Stelle der 5 l Holzgeist oder 0,5 l Pyridinbasen kann als besonderes Vergällungsmittel zu gewerblichen Zwecken aller Art versuchsweise auch 1 l Rücklaufazeton von bestimmter Beschaffenheit verwendet werden;

b) zu besonders bezeichneten gewerblichen Zwecken: Schellacklösung, Kampfer, Terpentinöl, Essig, Benzol, Äther, Tieröl, Chloroform, Jodoform, Bromäthyl, Petroleumbenzin, technisch reiner Methylalkohol, Rizinusöl, Natronlauge, Kalilauge (VfrO. §§ 4, 5).

3 Die Vergällungsmittel sind auf Kosten des Antragstellers durch einen Chemiker zu prüfen und bis zu ihrer Verwendung unter amtlichem Verschlusse aufzubewahren (VfrO. § 5). Es liegt daher im Interesse der Gewerbetreibenden, daß sie die Vergällungsmittel aus den Gewerbeanstalten, die die Vergällungsmittel herstellen, in bereits geprüftem Zustande beziehen (Allgemeine Verfügung des preuß. Finanzministers vom 17. September 1909 III 1; PrßZBl. S. 341).

Wegen Regelung der Vergällung vgl. BfrO. §§ 8 bis 11, der unvollständigen Vergällung insonderheit BfrO. §§ 16 bis 28.

[4] Die Vergällung von Branntwein mit 5 l Holzgeist oder 0,5 l Terpentinöl kann auch gestattet werden, wenn der Branntwein nicht in den Gewerberäumen des Antragstellers verwendet, sondern an andere Gewerbetreibende abgegeben werden soll. Der Handel mit Holzgeistbranntwein und Terpentinölbranntwein ist in den §§ 23 bis 26 der Befreiungsordnung geordnet. Das Hauptamt erteilt Ankaufserlaubnisschein und Verkaufserlaubnisschein; der Händler führt ein Kontrollbuch; der Verbraucher hat die Verwendung auf Verlangen durch seine Bücher oder durch besondere Buchführung nachzuweisen. Für vollständig oder unvollständig vergällten Branntwein, der zur Herstellung von Äther oder Essigäther verwendet werden soll, wird die Steuerfreiheit nur unter der Bedingung gewährt, daß der Äther oder Essigäther unter amtlicher Überwachung entweder ausgeführt oder im Inlande zu gewerblichen Zwecken usw. verwendet wird. Soweit der Äther und Essigäther nicht vom Hersteller verbraucht, sondern an andere Gewerbetreibende usw. abgegeben werden soll, finden die Bestimmungen über den Handel mit Holzgeistbranntwein mit einigen Änderungen Anwendung (BfrO. § 27).

§ 22.

Übergangsabgabe[1].

Von dem aus dem freien Verkehre derjenigen Teile des deutschen Zollgebiets, welche nicht zur Branntweinsteuergemeinschaft gehören, eingehenden Branntweine werden, soweit er nicht nachweislich verzollt worden ist, an Übergangsabgabe 1,50 Mark für das Liter Alkohol erhoben[2]. Die Abgabe wird nicht gestundet.

BBrStG. § 45.

[1] Die Übergangsabgabe wird von dem aus dem freien Verkehre des Großherzogtums Luxemburg in das Gebiet der Branntweinsteuergemeinschaft eingeführten Branntwein erhoben, soweit dieser Branntwein nicht nachweislich verzollt oder von einem Übergangsscheine begleitet ist.

[2] Zuwiderhandlungen gegen die Vorschriften über die Erhebung der Übergangsabgaben werden nach den auf den Zollvereinsverträgen beruhenden landesrechtlichen Zollstrafgesetzen bestraft, in Preußen nach §§ 2 bis 27 des Gesetzes wegen Untersuchung und Bestrafung der Zollvergehen vom 23. Januar 1838 (GS. S. 78), in Bayern und Baden auf Grund besonderer Regelung durch die Landesgesetzgebung nach den Strafvorschriften des Vereinszollgesetzes vom 1. Juli 1869.

§ 23.

Verwaltungskosten.

Für die Erhebung und Verwaltung der Verbrauchsabgabe wird den Bundesstaaten nach näherer Bestimmung des Bundesrats eine Vergütung von acht Hundertteilen[1] der Gesamteinnahme[2] gewährt.

BBrStG. § 39 Abs. 2.

[1] Nach Art. 38 Abs. 2 Nr. 3 unter d der Reichsverfassung betragen die Erhebungs- und Verwaltungskosten bei der Branntweinsteuer fünfzehn Hundertteile der Gesamteinnahme. Diese Vorschrift der Verfassung wird für den Geltungsbereich des Branntweinsteuergesetzes durch Herabsetzung der fünfzehn Hundertteile auf acht

Hundertteile geändert. Bisher wurden von den fünfzehn Hundertteilen zehn Hundertteile für die amtliche Überwachung der Betriebsanstalten usw. und fünf für die Erhebung gewährt. Gegenwärtig werden in dem gleichen Verhältnisse $5^1/_3$ vom Hundert für die amtliche Überwachung der Betriebsanstalten und $2^2/_3$ vom Hundert für die Erhebung gerechnet (GB. § 81).

[2] Der im Gebiete der Branntweinsteuergemeinschaft zur Verrechnung gekommenen Gesamt-Rohsolleinnahme abzüglich des Gesamtbetrags der angerechneten Kontingentscheine und der aufgerechneten Kontingentswerte (GB. § 81 Abs. 1).

Zweiter Abschnitt.

Kontingent.*)

§ 24.

Gesamtkontingent.

Das im Brennereibetriebsjahr 1907/08 nach den Vorschriften des bisherigen Branntweinsteuergesetzes festgesetzte Gesamtkontingent bleibt bis zum 30. September 1918 in Geltung[1]. Anderweit festgesetzt wird das Gesamtkontingent[2] zuerst im Betriebsjahr 1917/18 und demnächst in jedem zehnten Jahre für die folgenden zehn Betriebsjahre (Kontingentsabschnitt)[3] nach dem Durchschnitte der Branntweinmengen, die innerhalb der letzten drei Jahre[4] in den verbrauchsabgabenpflichtigen Inlandsverbrauch übergegangen sind.

BBrStG. § 1 Abs. 3.

*) Die Vorschriften in den §§ 25, 27, 28, 33, 39 bis 41 werden besondere Schwierigkeiten für die Ausführung einstweilen nicht bieten. Die übrigen Vorschriften dieses Abschnitts werden erst bei der nächsten Neufestsetzung der Kontingente im Betriebsjahre 1917/18 zur Anwendung gelangen. Die Ausführungsbestimmungen zu diesem Abschnitte sind daher im Reichsschatzamte einstweilen noch nicht bearbeitet worden, zumal es zweckmäßig erscheint, zunächst Erfahrungen über die Gestaltung des Brennereibetriebes unter der Herrschaft des neuen Gesetzes abzuwarten. Die bisher in Geltung gewesene Kontingentierungsordnung ist durch § 156 vom 1. Oktober 1909 ab aufgehoben.

[1] Damit ist ausgesprochen, daß die Betriebsjahre vom 1. Oktober 1908 bis zum 30. September 1918 einen einheitlichen Kontingentsabschnitt von zehn Jahren bilden (vgl. A. 2 zu § 40 und A. 6 zu § 41).

[2] Das Gesamtkontingent ist eine dem verbrauchsabgabenpflichtigen Inlandsverbrauch angepaßte Branntweinmenge. Die anderweite Festsetzung des Gesamtkontingents erfolgt zum Zwecke der Neufestsetzung der Einzelkontingente, der Neukontingentierung. Die Neufestsetzung der Einzelkontingente besteht in einer planmäßigen Verteilung des Gesamtkontingents auf die Brennereien nach dem Maßstabe, nach dem das Kontingent für die einzelne Brennerei zu bemessen ist, dem Kontingentsfuße.

[3] Der Kontingentsabschnitt, nach dem bisher in Geltung gewesenen Gesetze die Kontingentsperiode, umfaßte ursprünglich nach dem Gesetze vom 24. Juni 1887 drei Jahre, wurde durch die Novelle vom 16. Juni 1895 auf fünf Jahre ausgedehnt und schließlich durch das Gesetz vom 15. Juli 1909 auf zehn Jahre festgesetzt. Bestimmend für die Erweiterung war das Bestreben, die für das Gedeihen des Brennereigewerbes erwünschte Stetigkeit in der Branntweinerzeugung zu fördern und

die mit der Neufestsetzung der Kontingente verbundene Verwaltungsarbeit zu vermindern.

[4] Nach § 1 Abs. 3 des bisher in Geltung gewesenen Branntweinsteuergesetzes war das Gesamtkontingent nach dem Durchschnitte derjenigen Branntweinmengen festzusetzen, welche innerhalb der vorhergegangenen fünf Jahre in den verbrauchsabgabepflichtigen Inlandsverbrauch übergegangen waren. Wenn nunmehr der Durchschnitt der letzten drei Jahre als maßgebend erachtet worden ist, so ist dies geschehen, um das Gesamtkontingent tunlichst mit dem jüngsten Stande des Branntweinverbrauchs in Einklang zu bringen.

§ 25.

Übersteigt in einem Betriebsjahre die Menge des unter Anrechnung auf das Kontingent hergestellten Branntweins die Menge des gegen Entrichtung der Verbrauchsabgabe in den Inlandsverbrauch gelangten Branntweins [1], so kann [2] der Bundesrat das Gesamtkontingent für das folgende Betriebsjahr, erforderlichenfalls auch je für ein weiteres Betriebsjahr desselben Kontingentsabschnitts [3], auf die zuletzt bezeichnete Branntweinmenge herabsetzen [4].

BBrStG. § 1 Abs. 3.

[1] Der Kontingentswert von 20 M würde alsdann für Branntwein gezahlt werden, der vergällt oder ausgeführt wird, für den mithin keine Verbrauchsabgabe vereinnahmt wird. Das bedeutet einen Verlust für die Reichskasse und widerspricht der Absicht des Gesetzes.

[2] Verluste dieser Art können unerheblich sein und sich im folgenden Betriebsjahre wieder ausgleichen; sie können aber auch so nachhaltig auftreten, daß sie durch

Herabsetzung des Gesamtkontingents auf die im Vorjahre in den verbrauchsabgabepflichtigen Inlandsverbrauch gelangte Branntweinmenge ausgeglichen werden müssen. Daher ist dem Bundesrate die Prüfung des Einzelfalles und die Entscheidung überlassen.

[3] Die Herabsetzung wird je für ein weiteres Betriebsjahr anzuordnen oder aufrecht zu erhalten sein, wenn ohne sie das die Reichsfinanzen schädigende Mißverhältnis zwischen der unter Anrechnung auf das Kontingent hergestellten Branntweinmenge und der Menge des gegen Entrichtung der Verbrauchsabgabe in den Inlandsverbrauch gelangten Branntweins wieder hervortreten würde.

[4] Die Herabsetzung des Gesamtkontingents hat zur Folge, daß die Einzelkontingente im gleichen Verhältnis herabgesetzt werden. Dies geschieht in der Weise, daß vom Reichsschatzamte berechnet und mitgeteilt wird, wieviel Liter infolge der Herabsetzung des Gesamtkontingents als ermäßigtes Kontingent auf ein Liter des Kontingentsfußes fallen. Hiernach werden dann die Einzelkontingente von den Landesfinanzbehörden umgerechnet und anderweit festgesetzt.

§ 26.

[1] Von der nach §§ 24, 25 zum niedrigeren Abgabensatze zugelassenen Jahresmenge Branntwein (Gesamtkontingent) wird der Anteil, der im Königreiche Bayern, im Königreiche Württemberg, im Großherzogtume Baden und in den Hohenzollernschen Landen hergestellt werden darf, in der Weise ermittelt, daß jedem der bezeichneten Staaten und Landesteile auf den Kopf seiner Bevölkerung zwei Drittel derjenigen Litermenge Alkohol zugeteilt wer-

den, welche sich auf den Kopf der Gesamtbevölkerung der Branntweinsteuergemeinschaft ergibt, wenn das Gesamtkontingent nach der Kopfzahl der letzteren verteilt wird. Bei den hiernach erforderlichen Berechnungen sind die bei der letzten Volkszählung ermittelten Bevölkerungsziffern zu Grunde zu legen.

Die Festsetzung der Jahresmenge, die von der einzelnen Brennerei zu dem niedrigeren Abgabensatze hergestellt werden darf (Einzelkontingent), erfolgt durch die Landesbehörden.

BBrStG. § 47.

[1] Die Vorschrift ist nahezu wörtlich aus dem § 47 des bisher in Geltung gewesenen Branntweinsteuergesetzes in der Fassung der Novelle vom 4. April 1898 übernommen und im § 154 unter das Sonderrecht der drei süddeutschen Staaten gestellt.

§ 27.

Einzelkontingente[1].

1. Allgemeine Vorschriften.

Landwirtschaftliche Brennereien und Obstbrennereien, die zum gewerblichen Betriebe (§ 13) übergehen[2 3], dürfen Branntwein zu dem niedrigeren Abgabensatze nicht herstellen[4 5]. Bei landwirtschaftlichen Brennereien, die zur Hefenerzeugung übergehen[6], tritt jedoch nur eine Kürzung des Kontingents (§§ 33, 39) ein.

BBrStG. § 2 Abs. 6.

[1] Grundlage und Maßstab für die Bemessung der Kontingente war zunächst die tatsächliche Steuerleistung

der einzelnen Brennerei. Für die einzelnen am 1. April 1887 bereits vorhanden gewesenen Brennereien wurde die Jahresmenge Branntwein, die sie zu dem Abgabensatze von 0,50 M für das Liter Alkohol herstellen durften, nach dem Durchschnitte der von ihnen in den Rechnungsjahren 1879/80 bis 1885/86 einschließlich gezahlten Steuerbeträge, unter Weglassung der geringsten und der höchsten Jahresziffer bemessen (§ 2 Abs. 1 des bisher in Geltung gewesenen Branntweinsteuergesetzes). Daß hierbei die Steuerleistung der Hefebrennereien nur zur Hälfte, die der Getreidebrennereien nur zu sieben Achteln angesetzt wurde, war dadurch gerechtfertigt, daß die Ausbeute an Branntwein in diesen beiden Arten von Brennereien hinter derjenigen in den Kartoffelbrennereien im allgemeinen um ebensoviel zurückgeblieben war (vgl. Begründung zu § 2 des Ges. vom 24. Juni 1887, RB. I. 1887, zweiter AnlBd. Nr. 90 S. 789).

[2] Nach § 13 alle landwirtschaftlichen Brennereien, welche die Bedingungen der §§ 10, 11 nicht mehr erfüllen, und alle Obstbrennereien und ihnen gleichgestellte Brennereien, die andere als die im § 12 bezeichneten Stoffe verarbeiten (vgl. Anm. 5 zu § 12).

[3] Ein „Übergehen" im Sinne des § 27 liegt nicht vor, wenn Materialbrennereien im Sinne des bisherigen Branntweinsteuergesetzes vom 1. Oktober 1909 ab als gewerbliche Brennereien in Betracht kommen, weil sie andere Stoffe verarbeiten, als im § 12 für Obstbrennereien und ihnen gleichgestellte Brennereien zugelassen sind. Brennereien, die Hefenbrühe verarbeiten, verlieren daher nicht aus dem Grunde, weil sie vom 1. Oktober 1909 ab als gewerbliche Brennereien anzusehen sind, ihr Kontingent (Anm. 3 zu § 13). Wohl aber haben sie von dem genannten Tage ab die im § 43 unter Nr. 3 vorgesehene besondere Betriebsauflage zu entrichten.

[4] Die Nachteile des Übergangs treten rückwirkend

vom Beginne des Betriebsjahres ein, in dem der Übergang erfolgt ist. Die Nachteile bestehen

a) in dem Verluste des Rechts, Branntwein zum niedrigeren Abgabensatze herzustellen,

b) in der Zahlung der besonderen Betriebsauflage für gewerbliche Brennereien (§ 43 Nr. 3),

c) in der Kürzung des Durchschnittsbrandes um die Hälfte (§ 71, BO. § 177).

5 Die für eine bestimmte Brennerei zu dem niedrigeren Verbrauchsabgabensatze bemessene Jahresmenge Branntwein darf weder dauernd noch zeitweilig auf eine andere Brennerei übertragen werden (BRB. v. 13. Dezember 1888 § 650 d. Prot. RZBl. 1889 S. 188).

6 Eine Ausnahme bilden landwirtschaftliche Brennereien, die zur Hefenerzeugung übergehen. Hier geht das Kontingent nicht verloren, sondern es wird nur gemäß § 33 gekürzt. Die Kürzung ist aber erst am Schlusse des Betriebsjahres mit Wirkung vom Beginne des folgenden Betriebsjahres ab vorzunehmen (§ 39).

§ 28.

Landwirtschaftliche Brennereien und Obstbrennereien, die in einem Betriebsjahre nicht mehr als 10 Hektoliter Alkohol herstellen, werden zum Kontingente nicht veranlagt und dürfen ihr gesamtes Erzeugnis zum niedrigeren Abgabensatze herstellen[1 2].

BBrStG. § 2 Abs. 7.

1 Bei der Neufestsetzung der Kontingente wird für diese Kleinbrennereien jedesmal eine ihrer tatsächlichen Branntweinerzeugung entsprechende Menge Branntwein vom Gesamtkontingente zurückbehalten, also von der Alkoholmenge abgesetzt, die auf die einzelnen Brennereien nach Maßgabe des Kontingentsfußes verteilt wird.

[2] Die Vorschrift im § 28 dürfte ohne Rücksicht auf die Jahreserzeugung auf landwirtschaftliche Brennereien und Obstbrennereien anzuwenden sein, die erst innerhalb des Kontingentsabschnitts errichtet werden oder bereits vorher bestanden, aber ein Kontingent nicht erhalten haben. In den durch den niedrigeren Abgabensatz gegebenen Grenzen würden sie dann den Schutz des Durchschnittsbrandes genießen (vgl. A. 1 zu § 49). Die Betriebsauflage für den Überbrand würden sie nach § 70 für allen zum höheren Abgabensatze hergestellten Branntwein zu entrichten haben, sofern ihnen nicht etwa auf Grund der §§ 65, 67 ein Durchschnittsbrand von mehr als 10 hl Alkohol zugewiesen sein sollte (vgl. A. 2 zu § 70).

§ 29.

2. Festsetzung der Einzelkontingente.

Die im Betriebsjahr 1907/08 nach den Vorschriften des bisherigen Branntweinsteuergesetzes festgesetzten Kontingente bleiben, unbeschadet der Vorschriften in den §§ 25, 39, bis zum 30. September 1918 in Geltung. Für den folgenden Kontingentsabschnitt erfolgt die Neufestsetzung im Betriebsjahr 1917/18[1]. Demnächst werden von zehn zu zehn Jahren für die einzelnen am Kontingente bereits beteiligten Brennereien[2] und für die inzwischen entstandenen landwirtschaftlichen Brennereien (§ 10) und Obstbrennereien (§ 12)[3], mit Ausnahme der Kleinbrennereien, die Jahresmengen Branntwein, die sie zu dem niedrigeren Abgabensatze herstellen dürfen, neu bemessen. Die Neufestsetzung[4] erfolgt im Laufe des letzten Jahres des

jeweiligen Kontingentsabschnitts für die folgenden zehn Betriebsjahre[5] [6].

VBrStG. § 2 Abs. 3.

[1] Vgl. § 24.

[2] Also auch für die bisher am Kontingente beteiligten gewerblichen Brennereien.

[3] Neu entstehende gewerbliche Brennereien erhalten kein Kontingent und damit auch keinen Durchschnittsbrand (§ 70).

[4] Die Neufestsetzung wird in der Weise ausgeführt, daß aus dem Verhältnisse des Gesamtkontingents (der Branntweinmenge, die im Durchschnitte der letzten drei Jahre in den verbrauchsabgabenpflichtigen Inlandsverbrauch übergegangen ist) zu dem Gesamtbetrage der für die einzelnen Brennereien in Rechnung gestellten Branntweinmengen (der Kontingentsfußziffern) unter Berücksichtigung des Sonderrechts der süddeutschen Staaten (§ 26) berechnet wird, wieviel Liter künftiges Kontingent auf ein Liter der für die einzelne Brennerei in Rechnung gestellten Branntweinmenge (des Kontingentsfußes) entfallen.

[5] Die §§ 30 bis 38 behandeln die Festsetzung der für die einzelne Brennerei bei der Neufestsetzung des Kontingents in Rechnung zu stellenden Alkoholmenge. Die in Rechnung zu stellende Menge bildet den Maßstab, nach dem das Kontingent für die einzelne Brennerei zu bemessen ist, den Kontingentsfuß. Der Kontingentsfuß wird

a) im regelmäßigen Verfahren auf der Grundlage des bisherigen Kontingents (§§ 30 bis 33),
b) im Veranlagungsverfahren durch Schätzung (§§ 34 bis 37)

ermittelt und durch die Direktivbehörde festgesetzt.

[6] Bei der Neufestsetzung des Kontingents sind landwirtschaftliche Brennereien auch in Ansehung des Zwischenbetriebes (A. 4 zu § 11) als landwirtschaftliche Brennereien zu behandeln.

§ 30.

Regelmäßiges Verfahren.

Für die am Kontingente bereits beteiligten Brennereien[1] werden die von ihnen in den letzten zehn Betriebsjahren[2] durchschnittlich zum niedrigeren Abgabensatze hergestellten Alkoholmengen[3] in Rechnung gestellt.

BBrStG. § 2 Abs. 3 unter a.

[1] Nur für solche landwirtschaftliche und gewerbliche Brennereien, die ihr Kontingent in keinem oder nur in einem der letzten zehn Betriebsjahre vollständig hergestellt haben (§§ 31, 32), auch nur für diejenigen landwirtschaftlichen Brennereien, welche nicht nach § 34 unter 2—5, §§ 35 ff. zu veranlagen sind.

[2] Die Neufestsetzung erfolgt im letzten Betriebsjahre des zehnjährigen Kontingentsabschnitts, der vom 1. Oktober 1908 bis 30. September 1918 läuft. Die letzten zehn Betriebsjahre umfassen daher die Zeit vom 1. Oktober 1907 bis 30. September 1917. Für das letzte Betriebsjahr des vorigen Kontingentsabschnitts, das Betriebsjahr 1907/08, ist die für den laufenden Kontingentsabschnitt zugewiesene Kontingentsmenge in Rechnung zu stellen (§ 38).

[3] Als Kontingentsfuß.

§ 31.

Bei Brennereien[1], die in einem oder mehreren der zehn Jahre ihre Kontingente überhaupt nicht oder nicht vollständig hergestellt haben, werden für diese Jahre gleichwohl die vollen den Kontingenten entsprechenden Alkoholmengen als hergestellt angenommen, wenn wenigstens in zwei von den zehn Jahren die Kontingente vollständig hergestellt worden sind[2].

BBrStG. § 2 Abs. 3 unter a.

[1] Bei landwirtschaftlichen oder gewerblichen, am Kontingente bereits beteiligten Brennereien. Die Obstbrennereien werden durch die Vorschrift im § 32 ausgenommen.

[2] Dann bildet also das bei der letzten Neufestsetzung zugewiesene Kontingent den Kontingentsfuß.

§ 32.

Bei Obstbrennereien[1] werden die ihren Kontingenten entsprechenden Alkoholmengen auch dann als hergestellt angenommen, wenn diese in den letzten zehn Betriebsjahren überhaupt nicht oder nicht vollständig hergestellt worden sind[2].

BBrStG. § 2 Abs. 3 unter a.

[1] Und den diesen gleichgestellten Brennereien.

[2] Bei diesen Brennereien gilt mithin ohne weiteres das bei der letzten Neufestsetzung zugewiesene Kontingent als Kontingentsfuß.

§ 33.

Die für die einzelne Brennerei in Rechnung zu stellende Alkoholmenge wird,

1. wenn eine dickmaischende Getreidebrennerei[1] während der letzten zehn Betriebsjahre[2] zur Hefenerzeugung nach dem Wiener Verfahren[3] übergegangen ist, um drei Siebentel, wenn

sie zur Hefenerzeugung nach dem Würzeverfahren (Lüftungsverfahren)[4] übergegangen ist, um zwei Drittel,

2. wenn eine Brennerei, die zuvor andere Stoffe als Getreide verarbeitet hat[5], in dieser Zeit zur Hefenerzeugung nach dem Wiener Verfahren übergegangen ist, um die Hälfte, wenn sie zur Hefenerzeugung nach dem Würzeverfahren übergegangen ist, um zwei Drittel, und wenn sie zur Getreideverarbeitung ohne Hefenerzeugung übergegangen ist, um ein Achtel,

3. wenn eine Brennerei in dieser Zeit von der Hefenerzeugung nach dem Wiener Verfahren zur Hefenerzeugung nach dem Würzeverfahren übergegangen ist, um die Hälfte

gekürzt[6 7 8]. Hat der Übergang nur teilweise stattgefunden, so erfolgt Kürzung zu einem entsprechenden Teile[9]. Bei Wiederholung eines Betriebswechsels derselben Art findet eine nochmalige Kürzung nur insoweit statt, als die Änderung der Betriebsart bei der früheren Kürzung noch nicht berücksichtigt ist[10].

VBrStG. § 2 Abs. 3 unter b.

[1] Eine Brennerei, die vor dem Betriebswechsel ausschließlich als dickmaischende Getreidebrennerei betrieben worden ist.

[2] Was den laufenden Kontingentsabschnitt anlangt, so hat ein Betriebswechsel der angegebenen Art nur dann eine Kürzung auf Grund des § 33 zur Folge, wenn er während der Betriebsjahre stattgefunden hat,

die in den Geltungsbereich des Gesetzes fallen, also beginnend mit dem 1. Oktober 1909. Denn eine rückwirkende Geltung der Vorschrift im § 33 ist nicht vorgesehen (vgl. § 156); sie würde auch der Absicht des Gesetzes und den Grundsätzen der Billigkeit nicht entsprechen (vgl. A. 1 zu § 24 und A. 6, 7, 8).

[3] Das alte Hefebereitungsverfahren, wie es allgemein geübt wurde, bevor man zu dem neueren Verfahren, dem Würzeverfahren, überging.

[4] Das Würzeverfahren (Lüftungsverfahren) besteht darin, daß aus Getreide, insbesondere aus Roggen, Weizen, Gerste, Malz, Buchweizen, Mais usw., oder aus Kartoffeln oder Melasse eine Maische bereitet, aus der Maische eine Würze gezogen und diese in Gärung versetzt wird. In die gärende Würze wird Luft eingeblasen. Die Zuführung der Luft hat zur Folge, daß sich reichlich Hefe bildet, die dann abgesondert wird. Aus der übrigbleibenden Würze wird darauf der bei der Gärung entstandene Alkohol durch Abbrennen gewonnen.

[5] Eine Brennerei, die vor dem Betriebswechsel ausschließlich andere Stoffe als Getreide verarbeitet hat.

[6] Hat der Betriebswechsel vor dem Inkrafttreten dieses Gesetzes im Betriebsjahre 1908/09 stattgefunden, so bleibt es bei der im § 2 Abs. 3 unter b des alten Branntweinsteuergesetzes vorgesehenen Kontingentsminderung, die nach der Vorschrift im § 2 Abs. 5 a. a. O. am Schlusse des Betriebsjahres 1908/09 vorzunehmen ist. Denn eine Kürzung auf Grund des § 33 erfolgt nur dann, wenn der Betriebswechsel nach dem 30. September 1909 stattgefunden hat.

[7] Bei der Neufestsetzung der Einzelkontingente im Jahre 1917/18 wird die in Rechnung zu stellende Jahresmenge herabgesetzt

a) nach den Vorschriften des bisher in Geltung gewesenen Branntweinsteuergesetzes, wenn in den Betriebsjahren 1907/08 oder 1908/09 ein Betriebswechsel im Sinne des § 2 Abs. 3 b dieses Gesetzes stattgefunden hat,

b) nach den Vorschriften des Branntweinsteuergesetzes vom 15. Juli 1909, wenn in den Betriebsjahren 1909/10 bis einschließlich 1916/17 ein Betriebswechsel im Sinne des § 33 dieses Gesetzes erfolgt ist.

8 Für Hefebrennereien, die in der Zeit vom 1. Oktober 1907 bis 30. September 1909 von der Hefenbereitung nach dem Wiener Verfahren zur Hefenbereitung nach dem Würzeverfahren übergegangen sind, tritt bei der Neufestsetzung der Einzelkontingente im Betriebsjahre 1917/18 eine Kürzung der in Rechnung zu stellenden Alkoholmenge auf Grund des § 33 Nr. 3 nicht ein. Denn ein Betriebswechsel im Sinne dieser Vorschrift, d. h. ein Betriebswechsel nach dem Inkrafttreten des Branntweinsteuergesetzes, hat nicht stattgefunden.

9 Hat der Betriebswechsel während der letzten zehn Jahre nur für einen Teil des Betriebes stattgefunden, so erfolgt die Kürzung nur bei einem entsprechenden Bruchteile des Kontingentsfußes (vgl. bisherige KO. § 3 Abs. 2 und die dort angegebenen Weisungen für die Ausführung).

10 Die Kürzungen entsprechen im allgemeinen den Grundsätzen, die bei der erstmaligen Festsetzung der Kontingente im Jahre 1887 beobachtet worden sind (vgl. A. 1 zu § 27).

§ 34.

Veranlagung zum Kontingente.

Die Veranlagung zum Kontingente[1] findet statt:

1. für die bis zum Beginne des letzten Jahres des jeweiligen Kontingentsabschnitts[2] neu

entstandenen und betriebsfähig hergerichteten landwirtschaftlichen Brennereien und Obstbrennereien;

2. für diejenigen am Kontingente bereits beteiligten landwirtschaftlichen Brennereien, deren wirtschaftliche Lage durch Verringerung oder Vergrößerung der regelmäßig beackerten oder sonst landwirtschaftlich genutzten Fläche während der letzten zehn Betriebsjahre eine wesentliche Veränderung [3] erfahren hat;

3. für diejenigen landwirtschaftlichen Brennereien, welche als dickmaischende Getreidebrennereien am Kontingente beteiligt waren und im Laufe der letzten zehn Jahre dauernd zur Verarbeitung von Kartoffeln übergegangen sind;

4. für diejenigen landwirtschaftlichen Brennereien, bei deren früherer Veranlagung wesentliche Veränderungen [3] der landwirtschaftlich genutzten Fläche unberücksichtigt geblieben sind;

5. auf Antrag des Brennereibesitzers [4] für diejenigen landwirtschaftlichen Brennereien, deren Kontingent in einem besonders starken Mißverhältnisse [5] zu ihrer landwirtschaftlich gegenutzten Fläche, zu dem wirtschaftlichen Bedürfnis und zu dem Kontingente wirtschaftlich gleichgestellter Brennereien, welche in demselben Verwaltungsbezirke gelegen sind, steht.

BBrStG. § 2 Abs. 3 unter c.

[1] Die Veranlagung kann auch in den Fällen, in denen sie vom Brennereibesitzer beantragt wird, zu einer Herabsetzung des Kontingents führen. Wenn das Kontingent bereits 40000 l oder mehr, bei Obstbrennereien aber 6000 l oder mehr beträgt, so kann eine Erhöhung des Kontingents überhaupt nicht eintreten, sondern nur eine Wiederbewilligung oder Herabsetzung (§ 37).

[2] Das Wartejahr für neu entstandene landwirtschaftliche Brennereien, Obstbrennereien und diesen gleichgestellte Brennereien.

[3] Als Veränderung gilt auch die Umwandlung landwirtschaftlich nicht genutzter Grundstücke in Ackerflächen, nicht aber ein Wechsel in der Art der landwirtschaftlichen Benutzung ohne wesentliche Veränderung der Gesamtgröße der landwirtschaftlichen Zwecken dienenden Bodenfläche (bisherige KO. § 7 Abs. 2).

[4] Von Amts wegen zu veranlagen sind landwirtschaftliche Brennereien, deren wirtschaftliche Lage durch Verringerung der Fläche eine wesentliche Veränderung erfahren hat in den Fällen Nr. 2 und 4. Abgesehen davon ist nicht allein in den Fällen unter 5, sondern auch in den Fällen unter 1—4 zur Herbeiführung der Veranlagung ein Antrag des Brennereibesitzers erforderlich.

[5] Ein solches Mißverhältnis zu dem Kontingente wirtschaftlich gleichgestellter Brennereien wird unter Umständen eintreten können, wenn eine landwirtschaftliche Hefebrennerei im Laufe der letzten zehn Jahre die Hefegewinnung aufgegeben hat.

§ 35.

Für die im § 34 bezeichneten Brennereien ist nach dem Umfang ihrer Betriebseinrichtungen, bei landwirtschaftlichen Brennereien unter Berücksichtigung der beackerten oder sonst landwirtschaftlich genutzten

Fläche und der gesamten wirtschaftlichen Verhältnisse[1] sowie des Betriebsumfanges anderer am Kontingente beteiligter Brennereien[2], nach Anhörung von zwei Sachverständigen aus den Kreisen der Besitzer landwirtschaftlicher Brennereien diejenige Alkoholmenge zu ermitteln[3], deren jährliche Herstellung als angemessen zu erachten ist. Von dieser Menge ist[4] derjenige Teil in Rechnung zu stellen, welcher dem Verhältnis entspricht, das in den ohne Veranlagung am Kontingente zu beteiligenden Brennereien derselben Art zwischen ihrer Gesamterzeugung und der von ihnen zum niedrigeren Abgabensatze hergestellten Alkoholmenge während der letzten zehn Jahre durchschnittlich bestanden hat.

BBrStG. § 2 Abs. 3 unter c.

[1] Bei mittleren und größeren landwirtschaftlichen Kartoffelbrennereien ist vornehmlich die Fläche zu ermitteln, die voraussichtlich jährlich mit Kartoffeln bebaut werden wird, die regelmäßig zu erwartende jährliche Kartoffelernte zu berechnen und die für den Brennereibetrieb jährlich verfügbare Kartoffelmenge festzustellen (bisherige KO. § 17).

[2] Von Brennereien, die gleichartige landwirtschaftliche Verhältnisse haben wie die zu veranlagende Brennerei, den Vergleichsbrennereien.

[3] Die Beseitigung der Maischbottichsteuer wird voraussichtlich zur Folge haben, daß der Ermittelung des jährlich zu bemaischenden Gesamtbottichraums in dem Rahmen des Veranlagungsverfahrens nicht mehr die gleiche Bedeutung beigemessen werden kann wie bisher. Zunächst werden daher Erfahrungen abzuwarten sein. Für die Ausführungsbestimmungen dürfte dann

gegebenenfalls zu erwägen sein, ob die jährlich herstellbare Alkoholmenge etwa unmittelbar aus dem voraussichtlich regelmäßig zu verarbeitenden Material zu berechnen sein wird, wie das bisher bei den Materialbrennereien und auch bei Lufthefebrennereien geschehen ist.

[4] Als Kontingentsfuß. Überschreitet der Kontingentsfuß 100000 oder 150000 l Alkohol, so wird er gemäß § 36 gekürzt.

§ 36.

Falls die auf Grund der §§ 30 bis 35[1] in Rechnung zu stellende Alkoholmenge 150000 Liter übersteigt, wird sie um ein Zehntel, falls sie 100000 Liter übersteigt, wird sie um ein Zwanzigstel, jedoch nicht unter den Betrag von 100000 Liter herabgesetzt. Bei landwirtschaftlichen Genossenschaftsbrennereien, die als solche bereits am 1. April 1895 bestanden haben[2], wird die in Rechnung zu stellende Alkoholmenge, auch wenn sie 150000 Liter übersteigt, nur um ein Zwanzigstel, jedoch nicht unter den Betrag von 100000 Liter herabgesetzt[3].

BBrStG. § 2 Abs. 3 unter d, Abs. 1.

[1] Die Vorschrift bezweckt eine allmähliche Herabsetzung der größeren Kontingente. Die Kürzung des Kontingentsfußes tritt ein, gleichviel ob dieser im regelmäßigen Verfahren bestimmt oder durch Veranlagung festgesetzt wird.

[2] Vgl. § 43a Abs. 3 des bisher in Geltung gewesenen Branntweinsteuergesetzes.

[3] Die Herabsetzung des Kontingentsfußes auf Grund des § 36 findet zum ersten Male bei der Neufestsetzung der Kontingente im Betriebsjahre 1917/18 statt; sie

führt in diesem Falle eine Kürzung der davon betroffenen Kontingente erst vom 1. Oktober 1918 ab herbei.

Vorher aber werden die 100000 l Alkohol überschreitenden Kontingente auf Grund des § 149 ermäßigt.

§ 37.

Die auf Grund der §§ 34, 35[1] in Rechnung zu stellende Alkoholmenge darf im Falle einer Neubeteiligung am Kontingent oder einer Kontingentserhöhung für eine landwirtschaftliche Brennerei 40000 Liter, für eine Obstbrennerei 6000 Liter nicht überschreiten.

BBrStG. § 2 Abs. 3 unter d Abs. 2.

[1] D. h.

a) für neu entstandene landwirtschaftliche Brennereien, Obstbrennereien und diesen gleichgestellte Brennereien,

b) für bestehende landwirtschaftliche Brennereien, die auf Grund der Vorschriften in § 34 Nr. 2 bis 5 einen auf Erhöhung ihres Kontingents abzielenden Antrag gestellt haben.

Zu a. Für neu entstandene landwirtschaftliche Brennereien werden höchstens 40000 l, für neu entstandene Obstbrennereien höchstens 6000 l Alkohol als Kontingentsfuß in Rechnung gestellt.

Zu b ist zu unterscheiden zwischen solchen landwirtschaftlichen Brennereien, die bisher ein Kontingent von mehr als 40000 l Alkohol gehabt haben, und solchen landwirtschaftlichen Brennereien, die bisher ein Kontingent von 40000 hl Alkohol oder weniger gehabt haben. Den ersteren darf höchstens die bisherige Kontingentsmenge als Kontingentsfuß in Rechnung gestellt werden, gegebenenfalls sind die Vorschriften im § 36 auf sie anzuwenden. Wird für die letzteren ein Kontingentsfuß ermittelt, der 40000 l überschreitet, so ist er auf 40000 l Alkohol herabzusetzen. (Bisherige KO. § 20.)

§ 38.

Die auf Grund der §§ 33 bis 37 neu zugeteilten Kontingente sind bei der nächsten Neubemessung auch für das letzte Jahr des vorangegangenen Kontingentsabschnitts in Rechnung zu stellen[1].

BBrStG. § 2 Abs. 3 unter e.

[1] Beispielsweise sind die im Betriebsjahre 1917/18 für den Kontingentsabschnitt vom 1. Oktober 1918 bis 30. September 1928 neu zugeteilten Kontingente bei der Neubemessung im Betriebsjahre 1927/28 auch für das Betriebsjahr 1917/18 in Rechnung zu stellen. Denn die Neubemessung erfolgt auf Grund der letzten zehn Betriebsjahre, d. h. auf Grund des Zeitabschnitts vom 1. Oktober 1917 bis 30. September 1927. Dieser Zeitabschnitt aber beginnt mit dem Betriebsjahre 1917/18, dem letzten Jahre des vorangegangenen Kontingentsabschnitts. Die Vorschrift ist erforderlich, weil die Neubemessung der Kontingente für jeden Kontingentsabschnitt in dem letzten Betriebsjahre des vorangehenden Kontingentsabschnitts auf Grund der letzten zehn Betriebsjahre, also auf Grund eines Zeitabschnitts erfolgt, der mit dem letzten Jahre des früheren Kontingentsabschnitts beginnt.

§ 39.

Die im § 33 für den Fall der Neufestsetzung der Einzelkontingente vorgesehenen Kontingentsminderungen sind, unbeschadet der endgültigen Festsetzung der Kontingente am Schlusse jedes Abschnitts[1], nach den dort bezeichneten Grundsätzen schon am Schlusse jedes Betriebsjahrs vorzunehmen[2].

BBrStG. § 2 Abs. 5.

[1] Die endgültige Festsetzung der Kontingente erfolgt in der Weise, daß im letzten Betriebsjahre des Kontingentsabschnitts der Kontingentsfuß der Brennerei ermittelt, gemäß § 33 gekürzt und der gekürzte Kontingentsfuß mit der vom Reichsschatzamte mitgeteilten Ziffer vervielfacht wird, die angibt, wieviel Liter Alkohol als künftiges Kontingent auf ein Liter des Kontingentsfußes fallen. Diese Festsetzung des Kontingents auf Grund des Kontingents f u ß e s soll nicht berührt werden durch die Kürzung des K o n t i n g e n t s, die nach den Grundsätzen des § 33 am Schlusse jedes Betriebsjahres vorgenommen wird.

[2] Die Kontingentsminderung auf Grund des § 39 erfolgt am Schlusse des Betriebsjahres mit Wirkung für das folgende Betriebsjahr und den übrigen Teil des Kontingentsabschnitts. Die Nachteile eines Übergangs zum gewerblichen Betriebe dagegen treten rückwirkend mit dem Beginne des Betriebsjahres ein (A. 4 zu § 27).

§ 40.

Obstbrennereien[1], denen ein Kontingent überhaupt nicht oder nur in Höhe von 10 Hektoliter Alkohol zugewiesen ist, dürfen für jedes Jahr des Kontingentsabschnitts bis zu 10 Hektoliter Alkohol zum niedrigeren Abgabensatz in beliebigen Jahren dieses Abschnitts herstellen[2].

Obstbrennereien der im § 12 Abs. 1 angegebenen Art, die ein Kontingent von mehr als 10, aber nicht mehr als 50 Hektoliter Alkohol haben, dürfen diejenige Kontingentsmenge, welche sie in einem Betriebsjahre nicht abgebrannt haben, im nächsten oder nächstfolgenden Betriebsjahr innerhalb des Kontingentsabschnitts mitabbrennen. Ebenso dürfen Obstbrennereien dieser Art das Kontingent eines Jahres mit dem der folgenden zwei Jahre innerhalb desselben Kontingentsabschnitts, unbeschadet der Vorschrift im § 25[3], im voraus abbrennen.

BBrStG. § 2 Abs. 8.

[1] Und diesen gleichgestellte Brennereien.

[2] Sie dürfen innerhalb des zehnjährigen Kontingentsabschnitts, aber in beliebigen Betriebsjahren, insgesamt 10 × 10 = 100 hl Alkohol zum niedrigeren Verbrauchsabgabensatze herstellen. Dabei ist das Betriebsjahr 1908/09 als erstes Jahr des laufenden Kontingentsabschnitts anzusehen. Denn dieser Abschnitt erstreckt sich auf die Zeit vom 1. Oktober 1908 bis 30. September 1918. Für das Betriebsjahr 1908/09 wird mithin die in diesem Jahre zum niedrigeren Abgabensatze erzeugte Alkoholmenge in Anrechnung zu bringen sein.

Obstbrennereien und ihnen gleichgestellte Brennereien, die im Laufe des Kontingentsabschnitts errichtet werden, dürfen nur soviel mal 10 hl Alkohol zum niedrigeren Abgabensatz erzeugen, als, das Jahr ihrer Errichtung mitgerechnet, Betriebsjahre in den Kontingentsabschnitt fallen (vgl. bisherige KO. § 29 Abs. 2).

[3] Wird das Gesamtkontingent auf Grund des § 25 gekürzt und infolgedessen auch das Kontingent der einzelnen Brennerei herabgesetzt, so werden die Kontingente der im Abs. 2 bezeichneten Obstbrennereien in gleichem Verhältnis ermäßigt.

§ 41.
Branntweinerzeugung auf einer fremden Brennvorrichtung.

Wollen Besitzer von selbsterzeugtem[1] Obste[2], Weine oder von selbstgewonnenen[1] Trestern[3] sowie von Beeren und Wurzeln[4] diese Stoffe[5] auf einer fremden Brennvorrichtung verarbeiten, weil sie eine eigene Brennvorrichtung nicht haben, so darf ihnen dazu nach näherer Bestimmung des Bundesrats gestattet werden, für jedes Jahr des Kontingentsabschnitts bis zu 50 Liter Alkohol zum niedrigeren Verbrauchsabgabensatz in beliebigen Jahren dieses Abschnitts[6] herzustellen.

[1] Obst, vom Stoffbesitzer geerntet oder von ihm oder seinen Beauftragten gesammelt; Wein, Trester, in einem Betriebe gewonnen, der für Rechnung des Stoffbesitzers geführt wird (BO. § 8 b Abs. 2).

[2]) Obst aller Art, Obst- oder Traubenmost oder Rückstände der eigenen Obstverarbeitung (BO. § 8 b Abs. 1).

[3] Rückstände der eigenen Most- oder Weinbereitung (Treber, Hefe) (BO. § 8 b Abs. 1).

[4] Vgl. A. 5 zu § 2.

[5] Ohne Beimischungen aus anderen Stoffen (BO. § 8 b Abs. 1).

[6] Sie dürfen innerhalb des Kontingentsabschnitts von zehn Jahren in beliebigen Betriebsjahren insgesamt 10 × 50 l = 5 hl Alkohol zu dem niedrigeren Verbrauchsabgabensatze herstellen. Als erstes Jahr des laufenden Kontingentsabschnitts kommt das Betriebsjahr 1908/09 in Betracht (vgl. A. 2 zu § 40). Dabei wird für das Betriebsjahr 1908/09 diejenige Alkohol-

menge anzurechnen sein, welche die Stoffbesitzer in diesem Jahre zum Abgabensatze von 0,50 M. für das Liter Alkohol erzeugt haben.

Stoffbesitzer, die erst innerhalb des Kontingentsabschnitts dazu übergehen, ihre Stoffe abzubrennen, dürfen nur sovielmal 50 l Alkohol zum niedrigeren Verbrauchsabgabensatze herstellen, als, das Jahr der Aufnahme des Abbrennens mitgerechnet, Betriebsjahre in den Kontingentsabschnitt fallen.

Dritter Abschnitt.

Betriebsauflage[1][2].

§ 42.

Höhe.

[3] Außer der Verbrauchsabgabe wird von der erzeugten Alkoholmenge eine Betriebsauflage erhoben, und zwar für die Erzeugung:

	bis	zu	50	Hektoliter	4,00	Mark
über	50	bis	100	„	4,50	„
„	100	„	150	„	5,00	„
„	150	„	200	„	5,50	„
„	200	„	300	„	6,00	„
„	300	„	400	„	6,50	„
„	400	„	600	„	7,00	„
„	600	„	800	„	7,50	„
„	800	„	1000	„	8,00	„
„	1000	„	1200	„	8,50	„
„	1200	„	1400	„	9,00	„

über	1400	bis	1600	Hektoliter	9,50 Mark
„	1600	„	1800	„	10,00 „
„	1800	„	2000	„	10,50 „
„	2000	„	2200	„	11,00 „
„	2200	„	2400	„	11,50 „
„	2400	„	2600	„	12,00 „
„	2600	„	2800	„	12,50 „
„	2800	„	3000	„	13,00 „
„	3000	Hektoliter		. . .	14,00 „

vom Hektoliter Alkohol.

BBrStG. § 43a Abs. 1.

[1] Die Betriebsauflage ist nicht als Steuer gedacht, sondern als Zwangsbeitrag zur Förderung des Brennereigewerbes. Daher auch die Bezeichnung als Auflage, die absichtliche Vermeidung des Begriffs einer Steuer oder Abgabe (15. Bericht der 32. Kommission zu § 42, RB. I, 1908/09, Anl. Bd. 256 Nr. 1449 S. 9118/19).

[2] Der Stoff ist wie folgt eingeteilt:

A. Betriebsauflage innerhalb des Durchschnittsbrandes:
   Allgemeine Betriebsauflage (§ 42).
   Besondere Betriebsauflage (§ 43).
   Befreiungen und Ermäßigungen (§§ 44, 45).
   Nachdem so die Grundzüge vorangestellt sind, folgen einige Erläuterungen zu § 43 in den §§ 46, 47.

B. Betriebsauflage außerhalb des Durchschnittsbrandes (§§ 48, 49).

C. Fälligkeit und Zahlung (§§ 50, 51).

D. Verwaltung (§§ 52, 53).

E. Vergütungen (§§ 54 bis 58).

F. Schlußvorschriften — Geldbestand, Verjährung, Strafvorschriften (§§ 59, 60).

[3] Die Vorschriften über die Betriebsauflage entsprechen in ihren Grundzügen den bisher in Geltung gewesenen Vorschriften über die Brennsteuer (§ 43a bis e des Gesetzes vom 24. Juni 1887 in der Fassung der Novelle vom 7. Juli 1902), die daher zur Auslegung herangezogen werden dürfen. Daraus ergibt sich ohne weiteres, daß die Betriebsauflage in jeder Brennerei steigend von Staffel zu Staffel zu erheben ist, also für die ersten 50 hl mit je 4 M, für die darüber hinaus hergestellten 50 hl mit je 4,50 M usw. vom Hektoliter Alkohol. Diese Auslegung entspricht auch der Absicht des Gesetzgebers.

§ 43.

Die Betriebsauflage (§ 42) erhöht sich:

1. während der Monate, in denen eine Brennerei[1] mit Hefenerzeugung betrieben wird[2], um 3 Mark,
2. bei landwirtschaftlichen Brennereien, die im Laufe des Betriebsjahrs Kartoffeln oder Mais verarbeiten, für den in der Zeit vom 16. Juni bis einschließlich 15. September hergestellten Branntwein, unbeschadet der Vorschrift in Nr. 1[3], um 3 Mark,
3. bei gewerblichen Brennereien, unbeschadet der Vorschrift in Nr. 1[4], um 4 Mark

für das Hektoliter Alkohol;

4. bei solchen am Kontingente beteiligten Brennereien, die Rübenstoffe (Melasse, Rüben oder Rübensaft) oder Zellstoffe[5] verarbeiten[6], sofern sie in einem Betriebsjahr eine Alkoholmenge herstellen, die das im Betriebsjahr

1894/95 innegehabte Kontingent um mehr als ein Fünftel übersteigt, unbeschadet der Vorschriften in Nr. 1 und 3[7], um 3 Mark für jedes weitere Hektoliter Alkohol[8];

5. bei den nach dem 30. Juni 1895 betriebsfähig hergerichteten und den neu entstehenden Brennereien, die Rüben- oder Zellstoffe verarbeiten[9], unbeschadet der Vorschriften in Nr. 1 und 3[10], um 5 Mark für das Hektoliter Alkohol.

BBrStG. § 43a Abs. 4, 5.

[1] Gleichviel, welcher Brennereiklasse sie angehört, also namentlich auch eine landwirtschaftliche Brennerei während der Monate, in denen sie mit Hefenerzeugung betrieben wird.

[2] Die besondere Betriebsauflage aus Nr. 1 wird erhoben von der Branntweinerzeugung der Brennerei aus sämtlichen Einmaischungen eines Monats, wenn auch nur aus einer von diesen Einmaischungen Hefe bereitet worden ist (BO. § 173 Abs. 1 unter b, § 174 Abs. 2, § 175a unter b).

[3] D. h. wenn außerdem die Voraussetzungen der Nr. 1 vorliegen, sind 3 M Betriebsauflage aus Nr. 2 und daneben 3 M aus Nr. 1 zu entrichten, also zusammen 6 M (BO. § 173 Abs. 2a, 2). Das Wort „unbeschadet" bringt überall da, wo es in diesem Gesetze gebraucht wird, zum Ausdruck, daß die damit verbundenen Vorschriften keinen Schaden nehmen, sondern uneingeschränkt aufrecht erhalten werden sollen.

[4] Für allen Branntwein aus den Einmaischungen eines Monats zahlen sie, wenn auch nur aus einer von diesen Einmaischungen Hefe gewonnen ist, an Betriebsauflage neben den 4 M aus Nr. 3 noch 3 M aus Nr. 1 (BO. § 175a unter b).

[5] Zellstoffe, d. h. Holz, Torf, Abfälle von der Zellstoffgewinnung u. dgl. (BO. § 3 Abs. 2).

[6] Rübenstoffe oder Zellstoffe, ausschließlich oder neben anderen Stoffen (BO. § 174 Abs. 1).

[7] Sie entrichten

a) von der Erzeugung bis zu 120 vom Hundert des bezeichneten Kontingents 4 M aus Nr. 3,

b) von der darüber hinaus hergestellten Alkoholmenge 3 M aus Nr. 4 und daneben 4 M aus Nr. 3, zusammen 7 M,

c) für Branntwein aus den Einmaischungen eines Monats, aus denen, wenn auch nur zeitweise, Hefe gewonnen ist, neben den 4 M unter a oder den 7 M unter b noch 3 M aus Nr. 1, zusammen 7 M oder 10 M (BO. § 174 Abs. 1, 2).

[8] Vgl. auch § 47.

[9] Die Vorschrift lehnt sich an an die Vorschrift in § 43a Abs. 5 letzter Satz des bisher in Geltung gewesenen Branntweinsteuergesetzes (Art. II 1 der Novelle vom 7. Juli 1902). Nach dieser Vorschrift unterlagen nach dem 1. Juli 1895 neu entstandene oder neu entstehende Brennereien, die Rübenstoffe oder Zellstoffe verarbeiten, für ihre gesamte Erzeugung einer erhöhten Brennsteuer von 15 M mit der Maßgabe, daß auch für die Erzeugung bis zu 200 hl je 15 M vom Hektoliter Alkohol erhoben werden sollten.

[10] Rübenstoff- und Zellstoffbrennereien dieser Art entrichten aus Nr. 3 und 5 = 4 + 5 = 9 M, während jedes Monats, in dem sie, wenn auch nur zeitweise, mit Hefenerzeugung betrieben werden, außerdem 3 M aus Nr. 1, zusammen 12 M.

§ 44.

Vor dem 1. Oktober 1908 betriebsfähig hergerichtete Kleinbrennereien sind für eine Jahreserzeugung von nicht mehr als 10 Hektoliter, die im § 41 bezeichneten Brenner sind für eine Jahreserzeugung von nicht mehr als 50 Liter Alkohol, nach dem 30. September 1908 betriebsfähig hergerichtete Kleinbrennereien, die in einem Betriebsjahre nicht mehr als 30 Liter Alkohol erzeugen, sind für diese Jahreserzeugung von der Betriebsauflage befreit[1].

BBrStG. § 43a Abs. 1.

[1] Nach dem 30. September 1908 betriebsfähig hergerichtete Kleinbrennereien, die in einem Betriebsjahre mehr als 30 l Alkohol erzeugen, entrichten die allgemeine Betriebsauflage (§ 42) unverkürzt für ihr ganzes Erzeugnis, da eine Ermäßigung für sie im § 45 nicht vorgesehen ist.

§ 45.

Die in den §§ 42, 43 vorgesehene Betriebsauflage wird ermäßigt[1][2]:

1. für die vor dem 1. Oktober 1908 betriebsfähig hergerichteten[3] Brennereien[4] mit einer Jahreserzeugung
   von mehr als 10, aber nicht mehr als 50 Hektoliter Alkohol auf ein Zehntel,
   von mehr als 50, aber nicht mehr als 100 Hektoliter Alkohol auf zwei Zehntel,
   von mehr als 100, aber nicht mehr als 200 Hektoliter Alkohol auf drei Zehntel,
   von mehr als 200, aber nicht mehr als 300 Hektoliter Alkohol auf acht Zehntel;
2. [5] für die vor dem 1. Oktober 1908 betriebs-

fähig hergerichteten Brennereien[6], die ausschließlich Roggen, Weizen, Buchweizen, Hafer oder Gerste verarbeiten, bei einer Jahreserzeugung von mehr als 300[7], aber nicht mehr als 600 Hektoliter auf acht Zehntel;

3. für landwirtschaftliche Genossenschaftsbrennereien, die als solche bereits vor dem 1. April 1895 bestanden haben[8], für den Umfang des damaligen Betriebs[9] auf acht Zehntel.

BBrStG. § 43a Abs. 2, 3.

[1] Die Betriebsauflage wird zunächst auf Grund der §§ 42, 43 und, da die §§ 46, 47 lediglich eine Ergänzung dieser Vorschriften enthalten, auch auf Grund der §§ 46, 47 für die einzelne Brennerei berechnet. Die hiernach berechnete Betriebsauflage wird so ermäßigt, wie dies im § 45 vorgesehen ist. Die Ermäßigung erstreckt sich dann in gleicher Weise auf die allgemeine und auf die besondere Betriebsauflage.

[2] Der Brennereibesitzer hat alljährlich zu erklären, daß er in einem Betriebsjahre nicht mehr als 50, 100, 200 usw. Hektoliter Alkohol herstellen wolle. Wird diese Jahresmenge überschritten, so ist der nächsthöhere ermäßigte oder der volle Abgabesatz auch auf die bereits abgefertigten Alkoholmengen anzuwenden. Bleibt die tatsächliche Jahreserzeugung hinter der erklärten Jahresmenge soweit zurück, daß dadurch die Anwendung eines niedrigeren Auflagesatzes bedingt wird, so ist der zuviel erhobene Betrag zu erstatten (BO. § 175b Abs. 2, 3).

[3] Nach dem 30. September 1908 betriebsfähig hergerichtete Brennereien (§ 45 Nr. 1 u. 2) haben auf die Ermäßigungen keinen Anspruch; ebensowenig nach dem 31. März 1895 betriebsfähig hergerichtete Genossenschaftsbrennereien auf die Ermäßigung im § 45 unter Nr. 3.

Dagegen können solche Genossenschaftsbrennereien an den Ermäßigungen unter Nr. 1 und 2 teilnehmen, sofern sie den in diesen Vorschriften vorgesehenen Bedingungen entsprechen.

4 Die Ermäßigungen zu 1 gelten allgemein für Brennereien aller Art, für landwirtschaftliche, gewerbliche, Obstbrennereien und diesen gleichgestellte Brennereien, auch Genossenschaftsbrennereien.

5 Vgl. BBrStG. § 43 a Abs. 2.

6 Landwirtschaftliche sowohl als auch gewerbliche Brennereien der angegebenen Art, auch Genossenschaftsbrennereien.

7 Bei einer Jahreserzeugung von nicht mehr als 300 hl Alkohol fallen Brennereien der unter Nr. 2 angegebenen Art unter Nr. 1.

8 Vgl. BBrStG. § 43 a Abs. 3.

9 Als Umfang des vor dem 1. April 1895 geübten Betriebs gilt die höchste Alkoholmenge, welche die Genossenschaftsbrennerei innerhalb der Zeit vom 1. Oktober 1887 bis zum 30. September 1894 in einem Betriebsjahr erzeugt hat (BO. § 175 d).

§ 46.

[1] Die im § 43 unter Nr. 2 vorgesehene Erhöhung findet auch statt, soweit der Betrieb vom 16. September bis einschließlich 15. Juni $8^1/_2$ Monate überschreitet[2].

BBrStG. § 43 a Abs. 4.

1 Die Vorschrift ergänzt den § 43 Nr. 2.

Die Betriebsfrist der landwirtschaftlichen Brennereien war im § 41 II Abs. 2 des Gesetzes vom 24. Juni 1887 ursprünglich auf die Zeit vom 1. Oktober bis 15. Juni festgesetzt; sie wurde durch Art. II Nr. 3 der Novelle vom 8. Juni 1891 für die zu ermäßigten Maischbottichsteuersätzen zugelassenen landwirtschaftlichen Brennereien insofern erweitert, als ihnen gestattet wurde, bei Einhaltung eines $8^1/_2$monatigen Gesamtbetriebes mit den Einmaischungen bereits am 1. September zu beginnen. Auch den größeren landwirtschaftlichen Brennereien wurde eine Erleichterung gewährt. Um die damit hervorgerufene Ausdehnung der Branntweinerzeugung wieder einzuschränken, wurde der Anfang der Betriebsfrist durch Art. 1 Nr. 6 der Novelle vom 16. Juni 1895 (BBrStG. § 41 II Abs. 2) auf den 16. September verlegt. Das ist in die Vorschriften des § 43 Nr. 2 und § 46 übernommen (vgl. Begründung zu der Novelle, RB. III, 1894/95, AnlBd. 2 Nr. 235 S. 980).

[2] Wenn die Brennereien Bottichbemaischungen in der Zeit vom 16. September bis einschließlich 15. Juni an mehr als 259 Tagen vornehmen, so ist von der Branntweinerzeugung aus diesen Einmaischungen ebenfalls die besondere Betriebsauflage aus § 43 Nr. 2 zu entrichten (BO. § 173 Abs. 1 unter a).

§ 47.

Die im § 43 unter Nr. 4 vorgeschriebene Erhöhung tritt auch bei solchen vor dem 1. Juli 1895 betriebsfähig hergerichteten Rübenstoff- und Zellstoffbrennereien ein, die ein Kontingent nicht erhalten haben, soweit ihre Erzeugung der besonderen Brennsteuer nach § 43a Abs. 5 des bisher geltenden Branntweinsteuergesetzes unterlegen hat[1].

Geht eine dieser Brennereien zur Erzeugung von Hefe über, so wird von dem betreffenden Betriebsjahr ab die Alkoholmenge, welche der um 3 Mark erhöhten Betriebsauflage nicht unterliegt, um die Hälfte gekürzt[2].

BBrStG. § 43a Abs. 5.

[1] Nach § 43a Abs. 5 des bisher in Geltung gewesenen Branntweinsteuergesetzes tritt eine Erhöhung der Brennsteuer um 6 M für das Hektoliter Alkohol bei den Brennereien dieser Art, die ein Kontingent nicht erhalten haben, insoweit ein, als ihre Gesamterzeugung 20000 hl Alkohol übersteigt. Die Erhöhung der Brennsteuer um 6 M wird in den § 43 unter Nr. 4, § 47 Abs. 1 durch eine Erhöhung der Betriebsauflage um 3 M ersetzt. Auf der gegebenen Grundlage wird nunmehr für jede der beteiligten Brennereien die Alkoholmenge festzusetzen sein, die von der um 3 M erhöhten Betriebsauflage befreit ist. Mit dieser Festsetzung verliert die Gesamtziffer von 20000 hl jede Bedeutung.

[2] Wird die von der erhöhten Betriebsauflage befreite Alkoholmenge bei einer der beteiligten Brennereien gekürzt, so hat das nicht zur Folge, daß die dieser Brennerei verloren gehende Freimenge den übrigen beteiligten Brennereien zuwächst. Geht eine der beteiligten Brennereien ein, so wird dadurch die von der erhöhten Betriebsauflage befreite Alkoholmenge der übrigen Brennereien nicht berührt.

§ 48.

Überbrand[1].

Für den außerhalb des Durchschnittsbrandes (§§ 61 ff.)[2 3 4] hergestellten Branntwein (Überbrand) erhöht sich die auf Grund der §§ 42, 43 und 45 bis 47 für die einzelne Brennerei berechnete[5] Betriebsauflage um fünf Zehntel, jedoch

1. bei den gewerblichen Brennereien mindestens auf 22 Mark,
2. bei den übrigen Brennereien, mit Ausnahme[6] derjenigen, welche ausschließlich Wein, Weinhefe, Weintrester, Zwetschen oder Kirschen verarbeiten, mindestens auf 18 Mark,
3. während der Monate, in denen eine Brennerei mit Hefenerzeugung betrieben wird, mindestens auf 25 Mark

für das Hektoliter Alkohol.

Wird der Durchschnittsbrand auf Grund des § 69 gekürzt, so erhöht sich die Betriebsauflage für den Überbrand für jedes Hundertteil, um das gekürzt wird, auf die Dauer der Kürzung um 1 Mark, jedoch im ganzen um nicht mehr als 6 Mark für das Hektoliter Alkohol[7].

[1] Wie der § 2 über Wesen und Zweck des Kontingents Auskunft gibt und so den zweiten Abschnitt des Gesetzes, die Festsetzung des Kontingents, vorbereitet, so sagt der § 48, was das Gesetz mit dem Durchschnittsbrande gewollt hat, und liefert so die Unterlagen für das Verständnis des folgenden Abschnitts, die Festsetzung des Durchschnittsbrandes. Hat der Brenner soviel Branntwein hergestellt, als seiner Brennerei nach dem Durchschnitte der Branntweinerzeugung in früheren Jahren zukommt, so hat er für die Mehrmenge an Branntwein, die er auf den Markt bringt, einen erhöhten Beitrag an Betriebsauflage zu leisten.

[2] Der Begriff des Durchschnittsbrandes wird im Gesetz in einem allgemeinen und in einem besonderen Sinne gebraucht. Der allgemeine Durchschnitts-

brand ist die auf Grund der §§ 61 bis 68 des Gesetzes für die einzelne Brennerei ohne zeitliche Begrenzung festgesetzte Jahresmenge Alkohol. Diese Jahresmenge ist durch die Übergangsvorschrift im § 151 für das Betriebsjahr 1909/10 um vierzehn Hundertteile gekürzt worden; sie kann durch Entschließung des Bundesrats für spätere Betriebsjahre um Hundertteile erhöht oder herabgesetzt werden (§ 69). Der besondere Durchschnittsbrand ist danach die Jahresmenge Alkohol, die in einer Brennerei in einem bestimmten Betriebsjahre frei von der Betriebsauflage für den Überbrand hergestellt werden darf. Der besondere Durchschnittsbrand kann niedriger, aber auch höher sein als der allgemeine Durchschnittsbrand. Wird vom Bundesrate für das Betriebsjahr 1910/11 oder ein späteres Jahr eine Entschließung nicht getroffen, so bleibt für das betreffende Betriebsjahr der allgemeine Durchschnittsbrand in Geltung und fällt dann mit dem besonderen Durchschnittsbrande zusammen.

In dem ersten Absatze des § 48 ist der besondere Durchschnittsbrand, in dem zweiten Absatze der allgemeine Durchschnittsbrand gemeint.

[3] „Außerhalb des Durchschnittsbrandes" hergestellt ist zunächst der Branntwein, der in einer Brennerei über ihren Durchschnittsbrand hinaus gewonnen ist, dann aber auch der Branntwein, der in Brennereien erzeugt ist, welche keinen Durchschnittsbrand haben, auch nicht den Schutz des Durchschnittsbrandes genießen (A. 2 zu § 28, A. 1 zu § 49).

[4] Bei Obstbrennereien der im § 40 Abs. 2 angegebenen Art, für die ein Durchschnittsbrand in Höhe ihres Kontingents festgesetzt ist, gilt der innerhalb des Kontingents hergestellte Branntwein als Erzeugung innerhalb des Durchschnittsbrandes. (BO. § 175 e Abs. 2).

[5] Für jede Brennerei ist zunächst die Betriebsauflage nach den §§ 42, 43, 45 bis 47 so zu berechnen, als

ob die Branntweinerzeugung innerhalb des Durchschnittsbrandes erfolgte. Der so errechnete Betrag an Betriebsauflage ist um fünf Zehntel zu erhöhen. Bleibt der damit erzielte Betrag hinter den Mindestsätzen zurück, so sind die Mindestsätze maßgebend, soweit nicht im § 48 Abs. 1 unter 2 für besondere Arten von Brennereien Ausnahmen vorgesehen sind. Beispielsweise hat eine gewerbliche Hefebrennerei 1600 hl Alkohol Durchschnittsbrand, sie stellt aber 1700 hl Alkohol her. Dann hätte sie für das 1601te hl zu entrichten:

	10,00 M	allgemeine Betriebsauflage aus § 42,
	3,00 „	besondere Betriebsauflage aus § 43 Nr. 1 und 3
	4,00 „	
zus.	17,00 „	dazu fünf Zehntel
mit	8,50 „	

zus. 25,50 M, ein Betrag, der über den Mindestsatz von 25 M hinausgeht und daher maßgebend bleibt. Für das Betriebsjahr 1909/10 treten gemäß §§ 151, 48 Abs. 2 weitere 6 M hinzu, so daß also im ganzen 31,50 M zu entrichten sind.

[6] Brennereien, die Wein, Weinhefe, Weintrester, Zwetschen oder Kirschen verarbeiten, entrichten für den Überbrand 150 Hundertteile der Betriebsauflage, die sie zu zahlen haben würden, wenn sie innerhalb des Durchschnittsbrandes arbeiteten. Die Ausnahme besteht mithin darin, daß sie von der Anwendung des Mindestsatzes von 18 M befreit sind; sie hat ihren Grund in den Bestrebungen zur Förderung des inländischen Weinbaus, wie sie in dem Weingesetz vom 7. April 1909 (RGBl. S. 393) ihren Ausdruck gefunden haben. Zwetschen und Kirschen sind einbegriffen, weil diejenigen Brennereien, welche Wein, Weinhefe, Weintrester verarbeiten, nicht selten auch Branntwein aus Zwetschen und Kirschen herstellen. Die Ausnahmevorschrift ist als solche streng auszulegen, zumal jede Erweiterung andere

Brennereien benachteiligen würde. Brennereien, die neben Wein, Weinhefe, Weintrestern, Zwetschen, Kirschen andere Stoffe verarbeiten, haben daher für den in dem Betriebsjahre hergestellten Überbrand mindestens den Auflagesatz von 18 M zu entrichten, vorausgesetzt, daß sie als Obstbrennereien oder diesen gleichgestellte Brennereien in Betracht kommen.

[7] Die Erhöhung tritt in gleicher Weise für den Überbrand solcher Brennereien ein, deren Durchschnittsbrand auf Grund des § 64 Abs. 1 in Höhe des Kontingents festgesetzt ist und daher nach §§ 69, 151 eine Kürzung nicht erfährt. (Vgl. Allgemeine Verfügung des Kgl. Prß. Finanzministers vom 30. September 1909. III. 15906. PrßZBl. S. 353.)

§ 49.

[1] Kleinbrennereien und die im § 41 bezeichneten Brenner haben eine Betriebsauflage von 0,20 Mark für das Liter Alkohol zu entrichten, soweit sie Branntwein herstellen, der dem höheren Verbrauchsabgabensatz unterliegt[2].

[1] Kleinbrennereien (§§ 15, 28) und Stoffbesitzer (§ 41), die Branntwein zum niedrigeren Verbrauchsabgabensatze herstellen dürfen, haben den Schutz des Durchschnittsbrandes für eine Branntweinerzeugung in den durch den niedrigeren Abgabensatz gegebenen Grenzen. Daher die Vorschrift, daß sie eine besondere Betriebsauflage von 0,20 M für das Liter Alkohol von allem Branntweine zu entrichten haben, den sie zu dem höheren Verbrauchsabgabensatze herstellen. Diese Betriebsauflage von 0,20 M kennzeichnet sich als eine Betriebsauflage für den Ueberbrand.

[2] Die den Obst-Kleinbrennereien und den diesen gleichgestellten Kleinbrennereien im § 40 Abs. 1 in

Ansehung des Kontingents gewährte Vergünstigung soll nicht durch die Betriebsauflage für den Ueberbrand vereitelt werden. Ueberschreitet die Jahreserzeugung der angegebenen Brennereien 10 hl Alkohol, so ist daher die Betriebsauflage von 0,20 M für die überschießende Alkoholmenge nur so weit zu entrichten, als diese Alkoholmenge dem höheren Verbrauchsabgabensatze von 1,25 M unterliegt.

Dasselbe gilt für die Stoffbesitzer in Ansehung der im § 41 gewährten Vergünstigung. Auch hier kommt die Betriebsauflage von 0,20 M nur für den dem Verbrauchsabgabensatze von 1,25 M unterliegenden Branntwein in Frage.

Geht die dem Verbrauchsabgabensatze von 1,05 M unterliegende Branntweinmenge bei Kleinbrennereien über 10 hl Alkohol oder geht die dem Verbrauchsabgabensatze von 1,05 oder 0,84 M unterliegende Branntweinmenge bei Stoffbesitzern über 50 l Alkohol für das Betriebsjahr hinaus, so ist für die überschießende Alkoholmenge die Betriebsauflage aus §§ 42, 43, 45 bis 47 zu entrichten (BO. § 175 f., Abs. 2 und § 175 g).

§ 50.

Fälligkeit.

Die Betriebsauflage ist zu entrichten, sobald die erzeugte Alkoholmenge in der Brennerei amtlich festgestellt (§§ 97, 98)[1] oder die abgabenpflichtige Alkoholmenge berechnet ist (§ 15)[2].

BBrStG. § 43 b.

[1] Bei den Verschlußbrennereien und den auf die Mindestmenge abgefundenen Brennereien.

[2] Bei den übrigen Abfindungsbrennereien.

§ 51.

Zur Entrichtung der Betriebsauflage ist der Brennereibesitzer verpflichtet[1]. Eine Stundung findet nicht statt[2].

BBrStG. § 43 b.

[1] Vgl. §§ 6, 15.

[2] Der Ausschluß der Stundung soll der Verwaltung sogleich die Mittel für die Vergütungen an die Hand geben und mit dazu beitragen, die Branntweinerzeugung der Brennereien auf das richtige Maß zurückzuführen.

§ 52.

Verwaltung und Verwendung der Betriebsauflage[1].

Die Einnahmen aus der Betriebsauflage sind für sich zu verwalten[2] und nach Maßgabe der §§ 54 ff. zu verwenden[3][4].

[1] Die §§ 52, 53 handeln von der Betätigung der Landesverwaltungen, welche die Erhebung der Betriebsauflage und die Zahlung der Vergütungen selbständig auszuführen haben.

[2] D. h. getrennt von den in die Staats- oder Reichskasse fließenden Einnahmen als grundsätzlich anders geartete Einnahmen zu erheben und zu buchen.

[3] Die Zahlung der Vergütungen erfolgt ohne Rücksicht auf die Einnahmen, die in dem einzelnen Bundesstaat aus der Betriebsauflage aufkommen.

[4] Die einheitliche Leitung fällt dem Reichsschatzamt und dem Bundesrate zu.

§ 53.

Für die Erhebung und Verwaltung der Betriebsauflage wird eine besondere Vergütung nicht gewährt[1].

BBrStG. § 43 d Abs. 2.

[1] Wie bisher bei der Brennsteuer. Vgl. § 23.

§ 54.

Vergütung[1] der Betriebsauflage.

Aus den Einnahmen an Betriebsauflage und dem daraus angesammelten Geldbestande (§ 59) werden für vollständig vergällten, für den mit anderen Mitteln als Essig[2] unvollständig vergällten[3] und für ausgeführten Branntwein Vergütungen gezahlt.

BBrStG. § 43 c Abs. 2, 3.

[1] Die Vergütungen sollen die Verwendung des Branntweins zu gewerblichen Zwecken, in gewissen Grenzen auch die Ausfuhr des Branntweins fördern und so einen Ausgleich schaffen für die Einschränkung des Trinkverbrauchs, die mit der stärkeren Belastung des Branntweins voraussichtlich eintritt.

[2] Die Herstellung von Speiseessig durch Oxydation des Branntweins (Gärungsessig) wird durch das Gesetz in der Weise geschützt, daß die aus Holzessig oder essigsauren Salzen gewonnene Essigsäure mit einer Verbrauchsabgabe belegt wird (§ 110). Eine Vergütung der Betriebsauflage wird daher für den mit Essig unvollständig vergällten Branntwein nicht mehr gewährt. Die Absicht des Gesetzes geht dahin, denjenigen Branntwein von der Vergütung auszuschließen, der als Speiseessig in den inländischen Verbrauch kommt. Diese Absicht hätte nur durch umständliche Überwachungsmaßnahmen verwirklicht werden können, wenn man nicht auf das Vergällungsmittel zurückgegangen wäre und grundsätzlich den mit Essig unvollständig vergällten Branntwein von der Vergütung ausgenommen hätte. Denn Branntwein, der durch Oxydation in Speiseessig umgewandelt werden soll, wird stets mit Essig unvollständig vergällt, während Essig für gewerbliche Zwecke

auch aus Branntwein gewonnen werden kann, der mit anderen Mitteln als Essig, beispielsweise mit Tieröl, unvollständig vergällt ist. Für solchen Branntwein würde in den BfrO. § 4ff. vorgesehenen Grenzen nach der Vergällung die Vergütung gewährt werden.

[3] Eine Vergütung der Betriebsauflage wird hiernach nicht gewährt für Branntwein, der ohne Vergällung an Kranken-, Entbindungs- und ähnliche Anstalten, an öffentliche wissenschaftliche Lehranstalten oder an militär-technische Anstalten für die Herstellung von Pulver und Knallquecksilber abgelassen wird (BfrO. §§ 29ff.).

§ 55.

Der Vergütungssatz für vollständig vergällten Branntwein ist doppelt so hoch[1] zu bemessen wie für den mit anderen Mitteln als Essig unvollständig vergällten Branntwein. Im Falle der Ausfuhr[2] soll der Vergütungssatz den Satz für unvollständig vergällten Branntwein nicht übersteigen; sofern indessen im Ausland eine höhere Vergütung gewährt wird, kann er nach näherer Bestimmung des Bundesrats für die Dauer dieser Begünstigung entsprechend erhöht werden[3].

Die Vergütungssätze sind vom Bundesrate mindestens einmal im Jahre nachzuprüfen und gegebenenfalls dergestalt zu erhöhen oder zu ermäßigen, daß die Ausgaben nicht über die verfügbaren Geldmittel hinausgehen[4].

Für das Betriebsjahr 1909/10 werden die Vergütungssätze für vollständig vergällten Branntwein auf 18 Mark und für unvollständig vergällten Branntwein auf 9 Mark festgesetzt[5].

BBrStG. § 43c Abs. 2, 3.

[1] Die in doppelter Höhe vorgesehene Vergütung — Doppelvergütung BfrO. § 1 Abs. 4 — soll den vollständig vergällten Branntwein im Interesse der Allgemeinheit soweit verbilligen, daß dieser Branntwein zu gewerblichen Zwecken, zu Koch-, Heizungs- und Beleuchtungszwecken mindestens in dem bisherigem Umfange weiter verwendet werden kann.

[2] Für den Fall der Ausfuhr von rohem oder gereinigtem Branntwein ist der Vergütungssatz vom Bundesrat auf 9 M festgesetzt worden (BfrO. § 49); hier wird also grundsätzlich nur vergütet, was nach der durchschnittlichen Belastung aller beteiligten Brennereien an Betriebsauflage erhoben worden ist.

[3] Der Reichstag hat zu dieser Vorschrift folgende Resolution angenommen:

> „Den Herrn Reichskanzler zu ersuchen, mit den an der Ausfuhr von Branntwein beteiligten Staaten (Rußland, Österreich) alsbald behufs Verständigung über Aufhebung aller Ausfuhrprämien für Branntwein in Verhandlung zu treten."

[4] Die Reichskasse darf durch die Vergütungen nicht belastet werden. Sollten die Aufwendungen für Vergütungen vorübergehend die verfügbaren Mittel übersteigen, so müßten die Vergütungssätze herabgesetzt werden. Die Vorarbeiten für die Nachprüfung der Vergütungssätze sind im Reichsschatzamt auszuführen.

[5] Die Vorschrift im dritten Absatze bestimmt die Vergütungssätze für das Betriebsjahr 1909/10; sie gehörte daher eigentlich zu den Übergangsvorschriften. Gleichwohl wurde die Vorschrift im Reichstage dem

§ 55 angefügt, um den Zusammenhang zwischen der in den §§ 42 bis 53 geregelten Betriebsauflage und den daraus zu bestreitenden Vergütungen schärfer hervortreten zu lassen und zugleich für die Folge einen Anhalt für die ungefähre Höhe der Vergütungen zu bieten. Wenn Vergütungen in Höhe von 18 und 9 M gewährt wurden, so mußten auch die Sätze der Betriebsauflage so hoch festgesetzt werden, wie dies in den §§ 42 ff. geschehen ist. Und wenn anderseits die Sätze der Betriebsauflage in der Höhe festgelegt wurden, so werden dem die Vergütungssätze auch für die Folge tunlichst anzupassen sein.

§ 56.

Der Bundesrat wird ermächtigt[1], den Vergütungssatz für vollständig vergällten Branntwein zu gewähren:

1. für Branntwein, der zur Herstellung von Bleiweiß und essigsauren Salzen mit einem anderen Mittel als Essig unvollständig vergällt wird[2];
2. bei der Ausfuhr von Likör[3] und aus Zwetschen oder Kirschen hergestelltem Branntwein[4] in Flaschen bis zu einem Liter oder in Fässern bis zu 100 Liter Raumgehalt.

[1] Der Bundesrat hat in beiden Fällen von der Ermächtigung Gebrauch gemacht.

[2] Zu Nr. 1. Zur Herstellung von Bleiweiß und essigsauren Salzen wird Branntwein in der Weise verwendet, daß er zunächst in Essig umgewandelt wird. Die unvollständige Vergällung des Branntweins erfolgt dabei in der Regel durch Tieröl. Der Bundesrat hat

daher ausgesprochen, daß grundsätzlich nur der mit einem anderen Mittel als Essig unvollständig vergällte Branntwein für die Herstellung von Bleiweiß und essigsauren Salzen in Betracht kommt, gleichviel, ob der Essig „vom Hersteller verbraucht“, also von dem Bleiweißfabrikanten selbst gewonnen, oder „an andere Gewerbetreibende abgegeben“, also vom Essigfabrikanten hergestellt und an den Bleiweißfabrikanten geliefert wird (BfrO. § 27a Abs. 1). Da indessen die Absicht des Gesetzes dahin geht, nur solchen Branntwein von der Vergütung auszuschließen, der als Speiseessig in den Verbrauch kommt, so hat der Bundesrat die Direktivbehörde ermächtigt, die Doppelvergütung ausnahmsweise auch dann zu gewähren, wenn der Branntwein mit Essig unvollständig vergällt, der daraus bereitete Essig aber in der Erzeugungsstätte mit einem geeigneten Vergällungsmittel für Genußzwecke unverwendbar gemacht und dann unter besonderen Überwachungsmaßnahmen an Gewerbtreibende abgegeben wird, die daraus Bleiweiß und essigsaure Salze herstellen (BfrO. § 27b).

[3] Zu Nr. 2. Was unter Likör im Sinne dieser Vorschrift zu verstehen ist, bestimmt der Bundesrat. In den § 60a der Branntweinsteuer-Befreiungsordnung hat der Bundesrat einstweilen die Begriffsbestimmung des Likörs aus dem Zolltarif übernommen. Likör im Sinne des Zolltarifs aber ist Trinkbranntwein, der mindestens drei vom Hundert seines Gewichts an Extrakt enthält (Anmerkung zu dem Stichwort „Liköre“ S. 420 des Warenverzeichnisses zum Zolltarif vom 25. Dezember 1902). Ob diese Begriffsbestimmung dem Bedürfnisse entsprechen wird, bleibt abzuwarten.

Als Ausnahme von den Vorschriften über die Ausfuhrvergütungen im § 55 ist die Vorschrift unter Nr. 2 streng auszulegen. Die Ausfuhrvergütung darf nur dann gewährt werden, wenn die Bedingungen dieser Vorschrift tatsächlich in jeder Beziehung erfüllt werden.

Denn diese Bedingungen sollen verhindern, daß von der Vergünstigung ein zu weitgehender Gebrauch gemacht wird. Liköre in dem allgemeineren Sinne des Branntweinhandels, die den Bedingungen nicht entsprechen, erhalten daher bei der Ausfuhr nur die einfache Vergütung der Betriebsauflage (vgl. A. 2 zu § 57).

[4] Für Branntwein aus Zwetschen oder Kirschen kann die Doppelvergütung der Betriebsauflage nach § 56 Nr. 2 nur dann gezahlt werden, wenn der Branntwein von der Erzeugung bis zur Ausfuhr unter amtlicher Überwachung gestanden hat und somit nachweislich von Beimischungen anderen Branntweins und sonstigen Beimengungen frei ist. Trifft dies nicht zu, so kommt nur die Vergütung der Betriebsauflage aus § 57 in Frage.

§ 57.

[1] Bei der Ausfuhr von Trinkbranntwein aus dem freien Verkehre sowie von Erzeugnissen, zu deren Herstellung Branntwein, auch unvollständig vergällter Branntwein, verwendet worden ist, kann nach näherer Bestimmung des Bundesrats[2] eine Vergütung aus der Betriebsauflage in gleicher Höhe wie bei der Ausfuhr von Branntwein gewährt werden.

BBrStG. § 43 c Abs. 1.

[1] Vgl. § 4 und die Anmerkungen dazu.

[2] Eine Vergütung der Betriebsauflage auf Grund dieser Vorschrift erhalten neben der Vergütung der Verbrauchsabgabe (§ 4) nach Bestimmung des Bundesrats unter besonderen Bedingungen und Überwachungsmaßnahmen:

a) Trinkbranntwein, versetzter Branntwein, ferner Liköre, die nicht den vom Bundesrate vorgeschriebenen Extraktgehalt haben, Liköre und aus Zwetschen oder Kirschen hergestellte Branntweine, die den Bedingungen des § 56 Nr. 2 nicht entsprechen (BfrO. § 48 d);

b) andere Erzeugnisse als Trinkbranntwein, und zwar

α) alkoholhaltige, nämlich Fruchtsäfte, Punschessenzen und sonstige zur Verwendung bei der Herstellung von Genußmitteln bestimmte Essenzen, Fluidextrakte, Tinkturen und andere flüssige, alkoholhaltige Heilmittel (BfrO. § 48 d), alkoholartige Parfümerien, Kopf-, Zahn- und Mundwässer (BfrO. § 48 e),

β) solche, die Alkohol nicht mehr enthalten, nämlich Ameisenäther, Baldrianäther, Butteräther, Oxaläther, Sebazinäther, Gemische der genannten Aetherarten (BfrO. § 48 ff., § 71).

c) Erzeugnisse, zu deren Herstellung unvollständig vergällter Branntwein verwendet worden ist, und zwar

α) Speiseessig, der aus einem mit Essig unvollständig vergällten Branntwein hergestellt ist (BfrO. § 48 g),

β) organische Farben (Teerfarben) und ihre organischen Vorerzeugnisse, die unter Verwendung von unvollständig vergälltem Branntweine hergestellt sind (BfrO. § 48 h).

Vergütungssätze und Verfahren BfrO. §§ 49 bis 76 m.

§ 58.

[1] Für Branntwein, der unter amtlicher Überwachung durch Verdunstung oder sonst durch natürliche Einflüsse verloren geht, kann nach näherer Bestimmung des Bundesrats[2] [3] eine Vergütung in derselben Höhe wie für vollständig vergällten Branntwein gewährt werden.

[1] Vgl. § 3 A. 1, 6, 7.

[2] Wenn mit Begleitschein I abgefertigter Branntwein erweislich durch zufällige Ereignisse ganz oder teilweise zugrunde gegangen ist, so wird neben dem Erlasse der Verbrauchsabgabe (§ 3 Abs. 1 Nr. 3) die Betriebsauflage in derselben Höhe wie für vollständig vergällten Branntwein vergütet (VglO. § 36).

[3] Bleibt die bei der Bestandsaufnahme im Branntweinverschlußlager oder in der Branntweinreinigungsanstalt festgestellte Fehlmenge abgabenfrei, so tritt neben dem Erlasse der Verbrauchsabgabe die Vergütung der Betriebsauflage in derselben Höhe wie für vollständig vergällten Branntwein ein (LO. § 32 Abs. 3, RO. § 27).

§ 59.

Aus den Einnahmen an Betriebsauflage kann ein Geldbestand angesammelt werden, der 40 Millionen Mark nicht überschreiten soll[1]. Die näheren Bestimmungen trifft der Bundesrat.

[1] Die Verwaltung des Geldbestandes würde dem Reichsschatzamt und dem Bundesrate zufallen.

§ 60.

Die in den §§ 9[1], 18[2] und im siebenten Abschnitte[3] hinsichtlich der Branntweinverbrauchsabgabe gegebenen Vorschriften sind auf die Betriebsauflage entsprechend anzuwenden.

BBrStG. § 43 d Abs. 1.

[1] Verjährung.
[2] Amtliche Überwachung.
[3] Strafvorschriften.

Vierter Abschnitt.

Durchschnittsbrand[1 2 3].

§ 61.

1. Bestehende Brennereien. Regelmäßiges Verfahren.

Für die vor dem 1. Oktober 1907[4 5] betriebsfähig hergerichteten gewerblichen Hefebrennereien[6] wird die ihren Betriebsumfang darstellende Jahresmenge nach dem Durchschnitte der von ihnen in den Betriebsjahren 1902/03 bis 1906/07[7] erzeugten Alkoholmengen ermittelt und nach Minderung um zehn Hundertteile als Durchschnittsbrand festgesetzt.

Bei solchen am Kontingente beteiligten Brennereien, welche Rübenstoffe[8] verarbeiten, und bei den vor dem 1. Juli 1895 betriebsfähig hergerichteten Brennereien dieser Art, die am Kontingente nicht beteiligt sind, wird der Durchschnittsbrand in Höhe derjenigen Menge abzüglich 10 Hundertteile festgesetzt, welche diese Brennereien bisher auf Grund der Vorschriften des § 43a Abs. 5 des bisher geltenden Branntweinsteuergesetzes als der besonderen Brennsteuer[9] nicht unterliegend herstellen durften.

Für alle übrigen vor dem 1. Oktober 1907 betriebsfähig hergerichteten Brennereien, mit Ausnahme der Kleinbrennereien[10], wird die ihren Betriebsumfang darstellende Jahresmenge nach dem Durchschnitte der von ihnen in den Betriebsjahren

1897/98 bis 1906/07 erzeugten Alkoholmengen unter Weglassung der höchsten und der geringsten Jahresziffer, auf Antrag unter Weglassung der beiden höchsten und der beiden geringsten Jahresziffern, ermittelt und, soweit nicht in den §§ 62ff. Ausnahmen vorgesehen sind, als Durchschnittsbrand festgesetzt.

Jahre, in denen ein Betrieb nicht stattgefunden hat, bleiben in den Fällen des Abs. 1 und 3 außer Ansatz[11].

[1] Die Vorschriften über den Durchschnittsbrand sind im wesentlichen aus dem Entwurf eines Gesetzes über den Zwischenhandel des Reichs mit Branntwein übernommen. In den §§ 23ff. dieses Entwurfs handelte es sich um das Brennrecht der Brennereien, d. h. um das Recht, eine bestimmte Branntweinmenge zu dem regelmäßigen Branntweinankaufpreise herzustellen. Ob die einzelne Brennerei über das Brennrecht hinaus Branntwein erzeugen konnte, hing von den Preisen ab, die für den Überbrand festgesetzt wurden. Die Herstellung von Überbrand konnte mithin so stark eingeschränkt werden, daß sie vereitelt wurde. Unter diesen Umständen durfte in dem Entwurf über den Zwischenhandel von dem Brennrechte der Brennerei geredet werden. In dem gegenwärtigen Gesetz war der Begriff des Brennrechts nicht mehr verwendbar. Wenn für die Brennereien, die ungefähr fünf Sechstel des Branntweinbedarfs decken, die Betriebsauflage für den Überbrand im Mindestbetrage auf 18 M festgesetzt worden ist (§ 48 Abs. 1 Nr. 2), also ebenso hoch wie die Vergütung für vollständig vergällten Brannntwein (§ 55 Abs. 3), wenn für Brennereien, die Wein usw. verarbeiten, aus wirtschaftlichen Gründen eine Erleichterung

für den Überbrand nachgelassen ist (§ 48 Abs. 1 Nr. 2), so erhellt daraus, daß in dem Gesetze nicht mehr ein in sich abgeschlossenes Brennrecht gewährt werden sollte. Deshalb wurde der Begriff des Durchschnittsbrandes eingeführt. Der Durchschnittsbrand ist diejenige Branntweinmenge, die eine Brennerei nach dem Durchschnitt ihrer Erzeugung in früheren Jahren oder nach der durchschnittlichen Erzeugung anderer gleichartiger Brennereien in früheren Jahren in einem Betriebsjahre ohne wesentliche Erschwerung der Bedingungen herstellen darf. Für den Branntwein, den sie darüber hinaus herstellt, hat sie die höhere Betriebsauflage für den Überbrand zu entrichten.

[2] Der Bundesrat hat zu den §§ 61 bis 71 die Ausführungsanweisung für die Festsetzung des Durchschnittsbrandes erlassen (BRB. vom 14. Oktober 1909, § 721 d. Prot. RZBl. S. 929). Zuständig für die Festsetzung des Durchschnittsbrands ist danach regelmäßig die Direktivbehörde, in der Beschwerdeinstanz die oberste Landesfinanzbehörde. Über die Festsetzung des Durchschnittsbrands für neuere Brennereien aus Gründen der Billigkeit (§ 67) sowie über die nachträgliche Erhöhung des Durchschnittsbrands zur Beseitigung von Härten (§ 66) entscheidet der Bundesrat. In besonderen Ausnahmefällen kann der Bundesrat den Durchschnittsbrand soweit heraufsetzen, daß eine Einstellung des Brennereibetriebes vermieden wird (DA. § 20).

[3] Soweit der Durchschnittsbrand nicht vor dem 1. Oktober 1909 festgesetzt werden konnte, ist den Brennereien ein vorläufiger Durchschnittsbrand zugewiesen worden (DA. §§ 7, 8).

[4] Der 1. Oktober 1907 ist in den Entwurf eines Zwischenhandelsgesetzes als entscheidender Tag für die Festsetzung des Brennrechts zu einer Zeit aufgenommen worden, als dieser Entwurf für eine mit dem 1. Oktober 1908 in Kraft tretende Neuordnung der Brannt-

weinsteuergesetzgebung in Aussicht genommen wurde. Der 1. Oktober 1907 ging dann in den Entwurf eines Zwischenhandelsgesetzes über, der unter dem 3. November 1908 dem Reichstage vorgelegt wurde, und wurde aus diesem in den Entwurf der Unterkommission des Reichstags und damit in das Gesetz übernommen. Das Brennereigewerbe hatte sich im wesentlichen mit diesem Stichtage abgefunden. Nur die gewerblichen Brennereien wünschten abweichend davon für ihre jüngeren Betriebe den 1. Okt. 1908 als maßgebenden Tag. Ihrem Wunsche wurde im Reichstage stattgegeben (§ 65).

[5] Für diejenigen gewerblichen Hefebrennereien, welche vor dem 1. Oktober 1907 betriebsfähig hergerichtet worden sind. Die Brennereien müssen daher beim Inkrafttreten des Gesetzes noch als gewerbliche Hefebrennereien bestanden haben. Haben sie nach dem 1. Oktober 1907, aber vor dem 1. Oktober 1909 die Hefenerzeugung aufgegeben, so sind für die Festsetzung des Durchschnittsbrandes die Vorschriften im Abs. 2 maßgebend, wenn es sich um Rübenstoffbrennereien handelt, und die Vorschriften im Abs. 3, wenn andere Brennereien in Betracht kommen.

[6] Zu den gewerblichen Hefebrennereien gehören auch solche gewerbliche Brennereien, in denen nur während eines Teiles des Betriebsjahres Hefe gewonnen worden ist (DA. § 1 Abs. 3).

[7] Die Entwicklung der gewerblichen Hefebrennereien in diesen fünf Jahren wurde als maßgebende Unterlage für die Festsetzung des Durchschnittsbrandes anerkannt. Durch die Minderung um zehn Hundertteile wurde die Gesamtbranntweinmenge so weit herabgesetzt, daß eine Bevorzugung der gewerblichen Hefebrennereien vor den übrigen Brennereien vermieden wurde.

[8] Vgl. § 43 Nr. 4.

[9] Der um 6 M für das Hektoliter Alkohol erhöhten Brennsteuer (BBrStG. § 43 a Abs. 5).

[10] Für Kleinbrennereien (§ 15) wird ein Durchschnittsbrand nicht festgesetzt (DA. § 1 Abs. 2).

[11] Ebenso bleiben außer Ansatz:

a) der Septemberbrand landwirtschaftlicher Brennereien, sofern diese in den übrigen Monaten des Betriebsjahres Branntwein nicht hergestellt haben (DA. § 3 Abs. 1 Ziff. 3);

b) nach Entschließung der Direktivbehörde bei Brennereien aller Art Branntweinmengen, die im ersten Jahre des Bestehens der Brennerei oder sonst unter besonderen Umständen hergestellt worden sind, sofern die Herstellung des Branntweins noch nicht als regelrechter Brennereibetrieb anzusehen war (DA. § 3 Abs. 1 Ziff. 4).

§ 62.

[1] Für landwirtschaftliche Brennereien, die an den Betriebseinschränkungen der Mehrzahl der Brennereien in den Betriebsjahren 1902/03 und 1906/07 teilgenommen haben[2], werden bei Berechnung des Durchschnittsbrandes (§ 61) die erzeugten Alkoholmengen dieser beiden Jahre mit einer Erhöhung um je 10 Hundertteile in Ansatz gebracht[3]).

[1] Vgl. den 15. Bericht der 32. Kommission zu §§ 61/62, RB. I, 1908/09, Anl. Bd. 256 Nr. 1449 S. 9130.

[2] Daß eine Brennerei an den Einschränkungen teilgenommen hat, muß innerhalb einer vom Hauptamte zu setzenden Frist glaubhaft gemacht werden (DA. § 4).

[3] Die Vorschrift findet nicht allein auf Brennereien Anwendung, die sich der Zentrale für Spiritusverwertung angeschlossen hatten, sondern auf alle Brennereien, die ihren Betrieb in den angegebenen Betriebsjahren zur Förderung des Brennereigewerbes in gleicher Weise eingeschränkt haben.

§ 63.
Veranlagung.

Für landwirtschaftliche, vor dem 1. Oktober 1907 betriebsfähig hergerichtete Brennereien,

1. deren wirtschaftliche Lage durch Verringerung oder Vergrößerung der regelmäßig beackerten oder sonst landwirtschaftlich genutzten Fläche während der Betriebsjahre 1897/98 bis 1906/07 eine wesentliche Veränderung erfahren hat, oder
2. die erst nach dem 30. September 1897 betriebsfähig hergerichtet worden sind[1],

ist die den Durchschnittsbrand darstellende Jahresmenge nach dem Umfang ihrer Betriebseinrichtungen unter Berücksichtigung der beackerten oder sonst landwirtschaftlich genutzten Fläche und der gesamten wirtschaftlichen Verhältnisse sowie des Betriebsumfanges anderer auf Grund der Vorschriften in den §§ 61, 62 am Durchschnittsbrande zu beteiligender Brennereien nach Anhörung von zwei Sachverständigen aus den Kreisen der Besitzer landwirtschaftlicher Brennereien zu ermitteln[2]. Im Falle der Vergrößerung der Ackerfläche erfolgt die Veranlagung nur auf Antrag. Der Durchschnittsbrand soll die Jahresmenge nicht überschreiten, die durchschnittlich[3] in den Jahren, in denen ein Betrieb stattgefunden hat, erzeugt worden ist[4].

Eine wesentliche Veränderung der wirtschaftlichen Lage der Brennerei ist nur in den Fällen anzunehmen, in denen eine solche bei der Veranlagung zum Kontingent in den Jahren 1902/03 oder 1907/08 berücksichtigt worden ist[5].

Die Grundsätze für die Veranlagung bestimmt der Bundesrat[6].

[1] Bei den unter Nr. 1 und 2 bezeichneten Brennereien können die in den Betriebsjahren 1897/98 bis 1906/07 hergestellten Jahresmengen für die Beurteilung des Betriebsumfangs nicht in gleicher Weise maßgebend sein wie bei den Brennereien, die eine Änderung der wirtschaftlichen Lage durch Verringerung oder Vergrößerung der landwirtschaftlich genutzten Ackerfläche in den angegebenen Betriebsjahren nicht erfahren haben, oder die schon früher entstanden sind. Darum ist hier die Veranlagung vorgesehen.

[2] Die Veranlagung erfolgt in Anlehnung an die Grundsätze über die Veranlagung der Brennereien zum Kontingent nach dem landwirtschaftlichen Bedürfnisse des Brennereiguts: Ermittelung des Gesamtbottichraums und der jährlich herstellbaren Alkoholmenge, unter Umständen Verwertung der entsprechenden Ermittelungen aus dem Kontingentierungsverfahren, Vergleichung mit Vergleichsbrennereien, Gutachten der Unterkommission und Veranlagungskommission, Entscheidung der Direktivbehörde (DA. §§ 9ff.).

[3] Der Durchschnitt ist nach den im § 61 Abs. 3 des Gesetzes vorgesehenen Grundsätzen zu berechnen (DA. § 18 Abs. 1 Nr. 1, § 15 Abs. 1, § 3).

[4] Der Schlußsatz im ersten Absatz enthält eine im Reichstage bei der zweiten Beratung hinzugefügte Einschränkung, die indessen keine Anwendung findet, wenn die Veranlagung aus Anlaß einer Arealvergrößerung erfolgt (BRB. vom 16. Dezember 1909 § 999 d. Prot., RZBl. 1910 S. 24), zudem auch durch die Fassung „soll

nicht überschreiten" gemildert wird. Denn der durch die Einschränkung getroffene Durchschnittsbrand kann im Falle eines zwingenden wirtschaftlichen Bedürfnisses auf Antrag vom Bundesrate so weit erhöht werden, daß eine Einstellung des Brennereibetriebes vermieden wird (DA. § 20).

[5] Eine Einschränkung, die zur Verminderung der Verwaltungsarbeit dienen und eine Gewähr dafür bieten sollte, daß die Veranlagung zum Durchschnittsbrande nur unter denselben Voraussetzungen zugelassen werde, die für die Veranlagung zum Kontingente maßgebend gewesen waren. Nach Sinn und Zweck der Vorschrift im § 63 Abs. 2 erscheint es daher unbedenklich, auch solche landwirtschaftliche Brennereien wegen Vergrößerung der regelmäßig beackerten oder sonst landwirtschaftlich genutzten Fläche zum Durchschnittsbrande zu veranlagen, welche in den Betriebsjahren 1902/03 oder 1907/08 eine Neuveranlagung zum Kontingent überhaupt nicht oder nicht rechtzeitig beantragt haben, bei denen aber die materiellen Voraussetzungen für eine Neuveranlagung zum Kontingent in den bezeichneten Betriebsjahren vorgelegen haben.

[6] §§ 9 bis 20 der Ausführungsanweisung für die Festsetzung des Durchschnittsbrandes.

§ 64.

Für Brennereien, denen auf Grund des bisher geltenden Branntweinsteuergesetzes ein Kontingent zugeteilt ist, wird der Durchschnittsbrand mindestens in Höhe dieses Kontingents[1] festgesetzt.

Bei den nach dem 30. September 1902 betriebsfähig hergerichteten landwirtschaftlichen Brennereien soll[2] der Durchschnittsbrand über 1400 Hektoliter Alkohol nicht hinausgehen.

[1] In Höhe des im Betriebsjahre 1907/08 festgesetzten Kontingents unter Berücksichtigung der vor dem 1. Oktober 1909 etwa eingetretenen oder vorgenommenen Minderungen.

[2] Die Einschränkung wird durch die Fassung „soll nicht hinausgehen" gemildert. Im Falle eines zwingenden wirtschaftlichen Bedürfnisses kann der Durchschnittsbrand auf Antrag vom Bundesrat auch über 1400 hl Alkohol hinaus so weit erhöht werden, daß eine Einstellung des Branntweinbetriebes vermieden wird (DA. § 20).

§ 65[1].

Für gewerbliche Brennereien, die ihren Betrieb erst nach dem 30. September 1905, aber vor dem 1. Oktober 1908[2] aufgenommen haben, wird der Durchschnittsbrand unter Berücksichtigung ihrer gewerblichen Anlagen und ihres Gewerbebetriebs sowie des für andere gewerbliche Brennereien festgesetzten Durchschnittsbrandes[3] nach Anhörung von Sachverständigen[4] aus den Kreisen der Besitzer gewerblicher Brennereien festgesetzt[5] [6].

[1] Die hier in Betracht kommenden Brennereien haben ihren Betrieb erst nach dem 30. September 1905 aufgenommen und weisen daher nur die Erzeugungsziffern weniger Jahre auf. Diese Ziffern bieten keine ausreichende Grundlage für die Festsetzung des Durchschnittsbrandes. Darum wurde die Veranlagung für notwendig erachtet.

[2] In den Entwurf der Unterkommission war der 1. Oktober 1907 aus dem Entwurf eines Gesetzes über den Zwischenhandel des Reichs mit Branntwein übernommen; in der 32. Kommission wurde dafür der 1. Oktober 1908 eingestellt.

[3] Nach § 61 Abs. 1 ist bei gewerblichen Hefebrennereien die ihren Betriebsumfang darstellende Jahresmenge nach dem Durchschnitte der von ihnen in den Betriebsjahren 1902/03 bis 1906/07 erzeugten Alkoholmengen zu ermitteln und nach Minderung um zehn Hundertteile als Durchschnittsbrand festzusetzen. Diese Minderung muß mithin berücksichtigt werden, wenn gewerbliche Hefebrennereien auf Grund des § 65 des Gesetzes veranlagt werden, da diese Brennereien grundsätzlich nicht besser gestellt werden dürfen als die älteren Hefebrennereien, für die der Durchschnittsbrand im regelmäßigen Verfahren festgesetzt wird.

[4] Die Sachverständigen müssen mit dem Betriebe und der Eigenart der gewerblichen Hefebrennerei vertraut sein.

[5] Im § 18 der Ausführungsanweisnng für die Festsetzung des Durchschnittsbrandes ist unter Ziffer 3 die Einschränkung vorgesehen, daß der Durchschnittsbrand der beteiligten Brennereien in der Regel die höchste bisher erzeugte Jahresmenge nicht übersteigen soll. Damit ist nur eine dem Grundgedanken des Durchschnittsbrandes Rechnung tragende Abgrenzung gegeben; eine engere Grenze konnte nicht vorgesehen werden, weil die Betriebsziffern der wenigen Jahre nicht in gleicher Weise maßgebend sein können wie bei älteren Brennereien. Diese Grenze braucht bei der Veranlagung nicht notwendig erreicht zu werden. Wichtiger ist, daß bei der Veranlagung zum Durchschnittsbrande eine Jahresmenge gefunden wird, die die nämliche Einschränkung erfährt wie sie die älteren Hefebrennereien gemäß § 61 Abs. 1 erleiden.

[6] Sollte die Veranlagung zu der Festsetzung eines Durchschnittsbrandes führen, bei dem die Brennerei ihren Betrieb nicht fortsetzen kann, so ist der Bundesrat ebenfalls ermächtigt, den Durchschnittsbrand so weit zu erhöhen, daß eine Einstellung des Brennereibetriebes vermieden wird (DA. § 20).

§ 66.

Ergeben sich für einzelne Brennereien aus der Bemessung des Durchschnittsbrandes nach den Vorschriften in den §§ 61 bis 65[1] besondere Härten[2], so kann der Bundesrat zu ihrer Beseitigung eine Erhöhung des Durchschnittsbrandes vom 1. Oktober 1911 ab eintreten lassen. Der Gesamtbetrag der Erhöhungen darf 50000 Hektoliter Alkohol nicht übersteigen; auch dürfen nur Anträge berücksichtigt werden, die vor dem 1. Oktober 1910 bei der zuständigen Verwaltungsbehörde eingegangen sind.

[1] Anträge von Brennereien, die auf Grund des § 67 einen Durchschnittsbrand erhalten haben, sind zurückzuweisen.

[2] Ob besondere Härten auszugleichen sind, können am besten die Landesbehörden beurteilen. Daher hat der Bundesrat die obersten Landesfinanzbehörden ermächtigt, in allen Fällen, in denen besondere Härten im Sinne des § 66 nach ihrem Ermessen nicht vorliegen, den Antragsteller endgültig ablehnend zu bescheiden (DA. § 24 Abs. 2).

§ 67.

Der Bundesrat wird ermächtigt, für die nach dem 30. September 1907, aber vor dem Inkrafttreten dieses Gesetzes betriebsfähig hergerichteten Brennereien[1] aus Gründen der Billigkeit einen Durchschnittsbrand festzusetzen. Gründe der Billigkeit sind in der Regel[2] nicht als vorliegend zu erachten, wenn die Verträge über den Bau des

Brennereigebäudes sowie über die Lieferung der erforderlichen Maschinen und Brenngeräte erst nach dem 31. März 1908 rechtsverbindlich abgeschlossen oder wenn das Brennereigebäude erst nach dem 30. September 1908 fertiggestellt oder die Maschinen und Brenngeräte erst nach diesem Tage geliefert worden sind.

[1] Gewerbliche Brennereien, die ihren Betrieb nach dem 30. September 1907, aber vor dem 1. Oktober 1908 aufgenommen haben, sind auf Grund des § 65 zum Durchschnittsbrande zu veranlagen und daher auf Grund des § 67 nicht mehr zu berücksichtigen.

[2] Die Vorschrift im Schlußsatze will einer gewinnsüchtigen Ausnutzung der mit dem neuen Gesetz eintretenden Lage wirksam begegnen. Indessen rechtfertigt sich unter Umständen die Festsetzung eines Durchschnittsbrandes aus Billigkeitsgründen, obschon die Anträge erst nach dem 31. März 1908 rechtsverbindlich abgeschlossen oder die Brennereigebäude erst nach dem 30. September 1908 fertiggestellt und die Maschinen und Brenngeräte erst nach diesem Tage geliefert worden sind. In Fällen dieser Art bieten die Worte „in der Regel" eine Handhabe, um eine ausnahmsweise Berücksichtigung eintreten zu lassen.

§ 68.

Der Durchschnittsbrand wird in den Fällen der §§ 61 bis 67 ohne zeitliche Begrenzung festgesetzt[1].

[1] Nicht wie das Kontingent auf zehn Jahre, sondern dauernd, bis eine Änderung durch die Gesetzgebung eintritt.

§ 69.

Der Bundesrat kann unter Berücksichtigung der angesammelten Branntweinbestände und des Verbrauchs an Branntwein im Vorjahre festsetzen[1], um wieviel Hundertteile der Durchschnittsbrand der einzelnen Brennereien für die Dauer des Betriebsjahrs zu erhöhen oder unbeschadet des Kontingents[2] zu kürzen ist.

[1] Die vorbereitenden Arbeiten werden im Reichsschatzamt ausgeführt.

[2] Die Kürzung soll so ausgeführt werden, daß das Kontingent der Brennereien keinen Schaden nimmt. Unter dem Kontingent ist diejenige Alkoholmenge zu verstehen, welche die Brennerei in dem in Betracht kommenden Betriebsjahre zum niedrigeren Verbrauchsabgabensatze herstellen darf. Wenn die Brennerei für einen Teil des innerhalb ihres Kontingents hergestellten Branntweins die Betriebsauflage für den Überbrand entrichten müßte, so würde für diesen Teil ihrer Erzeugung der Vorteil aus dem Kontingente stark geschmälert werden oder ganz wegfallen. Das aber wäre gegen die Absicht, die das Gesetz mit dem Kontingente verfolgt.

Ist der Durchschnittsbrand auf Grund des § 71 herabgesetzt worden, so ist das Kontingent entweder nach § 27 Satz 1 verloren gegangen, oder, wenn eine landwirtschaftliche Brennerei zur Hefenerzeugung übergegangen ist, nach § 27 Satz 2, §§ 33, 39 gekürzt worden. Der herabgesetzte Durchschnittsbrand würde nach § 69 im ersteren Falle weiter gekürzt werden, im letzteren Falle aber nicht unter den Betrag des ermäßigten Kontingents gekürzt werden dürfen.

§ 70.

2. Neu entstehende Brennereien.

Nach dem 30. September 1907 betriebsfähig hergerichtete Brennereien haben, unbeschadet eines auf Grund der §§ 65, 67 für sie festgesetzten Durchschnittsbrandes [1], für allen außerhalb des Kontingents [2] (§§ 24 ff.) hergestellten Branntwein die Betriebsauflage für den Überbrand (§ 48) zu entrichten. Sofern indessen der gemäß §§ 61 bis 67 festgesetzte Durchschnittsbrand auf Grund des § 69 in den einzelnen Jahren über 100 Hundertteile hinaus erhöht wird, nehmen sie an der Erhöhung in demselben Verhältnisse teil, wie die älteren Brennereien.

[1] Der entscheidende Tag für die Festsetzung des Durchschnittsbrandes ist der 1. Oktober 1907. Die nach dem 30. September 1907, aber vor dem Inkrafttreten des Gesetzes betriebsfähig hergerichteten Brennereien erforderten eine besondere Berücksichtigung. Von ihnen werden die gewerblichen Brennereien, die ihren Betrieb vor dem 1. Oktober 1908 aufgenommen haben, besonders zum Durchschnittsbrande veranlagt (§ 65). Für die übrigen Brennereien, die in der angegebenen Zeit entstanden sind, wird ein Durchschnittsbrand bewilligt, wenn Gründe der Billigkeit anzuerkennen sind (§ 67). Soweit daher auf Grund der §§ 65, 67 ein Durchschnittsbrand festgesetzt worden ist, bleibt dieser, ohne zeitliche Begrenzung gewährte Durchschnittsbrand den Brennereien auch dann dauernd erhalten, wenn ihnen später ein Kontingent zugewiesen werden sollte, das hinter dem Durchschnittsbrande zurücksteht.

[2] D. h. des jeweilig festgesetzten Kontingents (DA. § 25). Für die neu entstehenden landwirtschaftlichen Brennereien und Obstbrennereien gilt mithin diejenige Branntweinmenge, die sie in den einzelnen Betriebsjahren zum niedrigeren Verbrauchsabgabensatze herstellen dürfen, zugleich als Durchschnittsbrand.

§ 71.

Wechsel im Betriebe.

Landwirtschaftliche Brennereien und Obstbrennereien, die zum gewerblichen Betrieb übergehen, verlieren ihren Durchschnittsbrand[1] zur Hälfte[2].

[1] Den allgemeinen Durchschnittsbrand (vgl. A. 2 zu § 48).

[2] Vgl. wegen des Kontingents § 27.

§ 72.

Vergällungspflicht[1].

Vollständig zu vergällen[2] ist:

1. bei den Brennereien, die Hefe nach dem Würzeverfahren herstellen, derjenige Teil ihrer Erzeugung[3], welcher über 35 Hundertteile[4] des Durchschnittsbrandes[5] hinausgeht;
2. bei den übrigen Brennereien[6] derjenige Teil der Erzeugung[7], welcher über 70 Hundertteile des Durchschnittsbrandes[8] hinausgeht[9].

Bei den am Kontingente beteiligten Brennereien ist jedoch mindestens der Branntwein von der Vergällungspflicht freizulassen, der innerhalb des Kontingents[10] erzeugt worden ist.

Bei den Brennereien, die ihr Erzeugnis ganz oder zum überwiegenden Teil zu gebrauchsfertigem Trinkbranntweine von nicht mehr als 50 Hundertteilen Alkoholgehalt verarbeiten und selbst vertreiben, ist auf Antrag an Stelle der nach Abs. 1 oder 2 freibleibenden Alkoholmengen der Branntwein [11] von der Vergällungspflicht freizulassen, der einer Alkoholmenge gleichkommt, welche von diesen Brennereien selbst im Durchschnitte der Betriebsjahre 1903/04 bis 1907/08 nachweislich zu Trinkbranntwein weiterverarbeitet und vertrieben worden ist [12]. Anträge dieser Art dürfen nur berücksichtigt werden, wenn sie vor dem 1. Juli 1910 gestellt worden sind.

Die Vergällungspflicht gilt in den Fällen des Abs. 1 Nr. 2 als erfüllt [13], wenn der vergällungspflichtige Branntwein ausgeführt [14] oder wenn nachgewiesen [15] wird, daß eine gleiche Menge Branntwein, die der Vergällungspflicht nicht unterlag, vollständig vergällt oder ausgeführt worden ist. Als Ausfuhr von Branntwein gilt nach näherer Bestimmung des Bundesrats auch die Ausfuhr von Erzeugnissen, zu deren Herstellung Branntwein verwendet worden ist [16] [17].

Von der Vergällungspflicht befreit ist Branntwein [18]

1. aus Brennereien mit einer Jahreserzeugung von nicht mehr als 100 Hektoliter Alkohol;
2. aus Obstbrennereien [19];
3. aus Brennereien, die ausschließlich Roggen,

Weizen, Buchweizen, Hafer oder Gerste verarbeiten und nicht Hefe nach dem Würzeverfahren herstellen.

Die näheren Bestimmungen trifft der Bundesrat[20]; er wird ermächtigt, die von der Vergällungspflicht befreite Branntweinmenge in den Fällen des Abs. 1 zu erhöhen oder herabzusetzen[21].

[1] Ein Vergällungszwang war bereits in einem dem Reichstage unter dem 16. April 1901 vorgelegten Gesetzentwurf geplant worden (RV. II, 1900/02, Anl. Bd. 3, Nr. 247 S. 1853). Danach sollte in denjenigen Brennereien, die Kartoffeln, Mais, Melasse oder Brauereiabfälle verarbeiten oder Hefe im Lüftungsverfahren erzeugen, für einen vom Bundesrat alljährlich zu bestimmenden Bruchteil des in der Brennerei gewonnenen Branntweins eine weitere Brennsteuer von 15 M für jedes Hektoliter Alkohol erhoben werden. Die Verpflichtung zur Entrichtung der weiteren Brennsteuer sollte fortfallen, soweit eine entsprechende Branntweinmenge durch den Brennereibesitzer oder an seiner Stelle durch andere vollständig vergällt worden wäre. Brennereien mit einer Jahreserzeugung von nicht mehr als 150 hl Alkohol sollten von der weiteren Brennsteuer befreit bleiben. Der Bundesrat sollte ermächtigt werden, die Branntweinmenge, von der die weitere Brennsteuer zu erheben war, innerhalb des Betriebsjahres herabzusetzen.

Zweck dieses Vergällungszwangs war die Unterbringung der steigenden Branntweinerzeugung. Es war anzunehmen, daß die Brenner den der neuen Brennsteuer unterliegenden Branntwein vollständig vergällen würden, solange der Preis des vollständig vergällten Branntweins um weniger als 15 M hinter dem Preise des Trinkbranntweins zurückblieb. Hierdurch wäre ein erheblicher Teil des über den Bedarf hinaus erzeugten Branntweins der steuerfreien Verwendung zugeführt und bei dem gesteigerten Angebote der vollständig vergällte Branntwein noch weiter als bisher verbilligt worden und so ein zunehmender Verbrauch von steuerfreiem Branntwein dem Anwachsen der Branntweinerzeugung gefolgt (Begründung zu dem unter dem 16. April 1901 dem Reichstage vorgelegten Gesetzentwurf, RB. II. 1900/02, AnlBd. 3 Nr. 247 S. 1854/55.

[2] Mit dem allgemeinen Vergällungsmittel (A. 1 zu § 21); durch unvollständige Vergällung des Branntweins wird die Vergällungspflicht nicht erfüllt.

[3] Der 35 Hundertteile des Durchschnittsbrandes überschreitende Teil der im Laufe des Betriebsjahres in der einzelnen Brennerei hergestellten Branntweinmenge, und zwar auch bei solchen Brennereien, die nur in einem Teile des Betriebsjahres, etwa im Zwischenbetrieb, oder nur mit einem Teil ihrer Betriebseinrichtungen Hefe nach dem Würzeverfahren gewinnen (BfrO. § 84).

[4] Die Vorschrift lautet nicht: „über die ersten 35 Hundertteile des Durchschnittsbrandes". Wird daher Branntwein vollständig vergällt, der innerhalb der ersten 35 Hundertteile des Durchschnittsbrandes hergestellt ist, so ist er auf Antrag auf die vergällungspflichtige Branntweinmenge aus derselben Brennerei anzurechnen. Die Anrechnung hat zur Voraussetzung, daß der vergällungsfreie, aber vollständig vergällte Branntwein und der durch die Anrechnung von der Vergällungspflicht zu befreiende Branntwein innerhalb desselben Betriebsjahres hergestellt sind. Von einem Betriebsjahre auf das andere darf die vergällungsfreie Alkoholmenge einer Brennerei weder ganz, noch teilweise übertragen werden.

[5] „Des Durchschnittsbrandes", nämlich des besonderen Durchschnittsbrandes, d. h. der Jahresmenge Alkohol, die in dem in Betracht kommenden Betriebsjahre frei

von der Betriebsauflage für den Überbrand hergestellt werden darf (A. 2 zu § 48). „Bei der Berechnung ist der der Brennerei für das Betriebsjahr tatsächlich zugewiesene Durchschnittsbrand (§§ 69, 151 des Branntweinsteuergesetzes) zugrunde zu legen" (BfrO. § 91 Abs. 1).

6 Bei den übrigen der Vergällungspflicht unterliegenden Brennereien, d. h. bei allen Brennereien, die weder Hefe nach dem Würzeverfahren herstellen, noch nach Abs. 5 allgemein von der Vergällungspflicht befreit sind (BfrO. § 89).

7 Der im Betriebsjahre hergestellten Branntweinmenge (vgl. A. 3).

8 Vgl. A. 5.

9 Die Berechnung, Festsetzung und Mitteilung der Alkoholmenge, die bei den in Betracht kommenden Brennereien der Vergällungspflicht nicht unterworfen ist, liegt dem Hauptamt ob; sie ist in gleicher Weise erforderlich, sobald der Durchschnittsbrand sich ändert (§§ 69, 71), oder die von der Vergällungspflicht befreite Alkoholmenge erhöht oder herabgesetzt wird, oder sobald eine Brennerei zur Herstellung von Hefe im Würzeverfahren übergeht (BfrO. § 91 Abs. 2).

10 D. h. der Branntweinmenge, die von der Brennerei in dem in Betracht kommenden Betriebsjahre zum niedrigeren Verbrauchsabgabensatze hergestellt werden darf. „Maßgebend ist das der Brennerei tatsächlich zugewiesene Kontingent, mithin, wenn das Kontingent im Laufe des Kontingentsabschnitts gekürzt wird, das herabgesetzte Kontingent" (BfrO. § 85 Abs. 2).

11 Der selbsterzeugte Branntwein (BfrO. § 86).

12 Nachweislich aus der eigenen Branntweinerzeugung zu Trinkbranntwein weiter verarbeitet und als Trinkbranntwein vertrieben worden ist (BfrO. §§ 86, 105 bis 110).

13 Die Vergällungspflicht wird erfüllt

a) in erster Linie durch vollständige Vergällung.

α) Bei Brennereien, die Hefe nach dem Würzeverfahren herstellen, ist der vergällungspflichtige Branntwein binnen drei Monaten nach der Abnahme aus der Brennerei vollständig zu vergällen (BfrO. § 93).

β) Bei den übrigen Brennereien ist der vergällungspflichtige Branntwein sogleich im Anschluß an die Branntweinabnahme vollständig zu vergällen, sofern er nicht zur Ausfuhr abgefertigt oder durch den in Abs. 4 vorgesehenen Nachweis von der Vergällungspflicht befreit wird (BfrO. § 94).

b) Für die im § 72 Abs. 1 unter 2 bezeichneten Brennereien außerdem durch Ausfuhr (A. 14) oder durch Nachweis (A. 15).

Zu a. Bei Versendung mit Begleitschein I muß vergällungspflichtiger Branntwein als solcher im Begleitscheine bezeichnet werden (BglO. § 7); ist er im Begleitschein als vergällungspflichtig bezeichnet, so muß er unter allen Umständen vollständig vergällt werden (BglO. § 25 Abs. 4).

Vergällungspflichtiger Branntwein darf mit anderem Branntwein in demselben Lager nicht aufbewahrt werden; er kann in ein besonderes Lager (Vergällungslager) aufgenommen werden (VO. § 1 Abs. 2). Die Direktivbehörde kann genehmigen, daß solche Lager in den Räumen eines anderen Branntweinlagers desselben Lagerbesitzers eingerichtet werden, sofern der vergällungspflichtige Branntwein getrennt von anderem Branntwein in den Versandgefäßen oder in besonderen Lagergefäßen lagert (LO. § 2 Abs. 2).

Vergällungspflichtiger Branntwein muß auch in der Reinigungsanstalt getrennt gelagert und während der Reinigung derart getrennt gehalten werden, daß eine Vertauschung oder Vermischung mit anderem Branntwein ausgeschlossen ist (RO. § 1).

[14] Die Ausfuhr vergällungspflichtigen Branntweins gilt nur in den Fällen des § 72 Abs. 1 Nr. 2 als Erfüllung der Vergällungspflicht, also nur für die dort bezeichneten Brennereien, nicht auch für Branntwein aus Brennereien, die Hefe im Würzeverfahren herstellen.

[15] Durch den Nachweis ist ein Ausgleich zugelassen zwischen:

I. Branntwein, der der Vergällungspflicht unterliegt auf der einen Seite und

II. Branntwein, der der Vergällungspflicht nicht unterliegt, aber vollständig vergällt oder ausgeführt worden ist, auf der anderen Seite.

Zu I. Der vergällungspflichtige Branntwein, der durch den Nachweis von der Vergällungspflicht befreit werden soll, muß unbedingt in einer der im § 72 Abs. 1 unter Nr. 2 bezeichneten Brennereien erzeugt sein.

Zu II. Als vergällungsfreier Branntwein aber, der zum Nachweise verwendet werden darf, kommt in Betracht

a) der vergällungsfreie Branntwein aus den im § 72 Abs. 1 unter Nr. 1 und 2 bezeichneten Brennereien;

außerdem

b) Branntwein, der sich am 1. Oktober 1909 aus den Beständen des abgelaufenen Betriebsjahres unter amtlicher Überwachung — steuerlicher Kontrolle — befindet (BfrO. § 104);

c) Branntwein aus Brennereien mit einer Jahreserzeugung von nicht mehr als 100 hl Alkohol, die nicht Hefe im Würzeverfahren herstellen.

Zu a bis c, sofern der Branntwein vollständig vergällt oder ausgeführt wird.

d) Branntwein, der nach § 72 Abs. 5 unter Nr. 2 und 3 allgemein von der Vergällungspflicht befreit ist;

e) Erzeugnisse (Fabrikate), zu deren Herstellung Branntwein verwendet ist.

Zu d und e, sofern der Branntwein oder die Branntweinerzeugnisse ausgeführt werden.

Der Ausgleich erfolgt

A. durch Vergällungsschein.

Den Vergällungsschein erhält auf Antrag, wer eine zum Ausgleich geeignete, nachweislich der Vergällungspflicht nicht unterliegende Branntweinmenge vollständig vergällt oder in das Ausland ausführt.

Der Inhaber des Vergällungsscheins ist berechtigt, eine gleiche Menge vergällungspflichtigen Branntweins als der Vergällungspflicht nicht unterliegend abfertigen zu lassen (BfrO. § 96 Abs. 1; vgl. auch A. 16, 17). Der Vergällungsschein wird vom Hauptamt erteilt; seine Gültigkeit läuft mit dem 25. Tage des dritten Monats ab, der auf den Monat der Ausfertigung folgt;

B. durch Ausgleichsbuch.

Angeschrieben wird der Branntwein, der der Vergällungspflicht nicht unterliegt, aber vollständig vergällt oder ausgeführt worden ist, also der Branntwein unter II, auch auf Grund eines Vergällungsscheines (BfrO. § 98).

Abgeschrieben wird der Branntwein, der der Vergällungspflicht unterliegt, also der Branntwein unter I, der im Hinblick auf den Ausgleich durch Abschreibung als der Vergällungspflicht nicht unterliegend abgefertigt wird.

Das Ausgleichsbuch wird beim Hauptamte geführt. Brennereibesitzern oder anderen Gewerbetreibenden wird auf Antrag gegen Verzicht auf Erteilung eines Vergällungsscheins ein Blatt im Ausgleichsbuch eröffnet oder gestattet, die vollständig vergällten oder ausgeführten Branntweinmengen in dem Ausgleichsbuch eines anderen Brennereibesitzers oder Gewerbetreibenden anschreiben zu lassen. Die in einem Ausgleichsbuch angeschriebenen Branntweinmengen, die noch nicht durch Abschreibung erledigt sind, können auf Antrag ganz oder teilweise in ein anderes Ausgleichsbuch übertragen werden.

Brennereibesitzern oder Gewerbetreibenden, die ein Blatt im Ausgleichsbuche haben, kann auf Antrag ein Ausgleichsgegenbuch auf ihre Kosten eröffnet werden (BfrO. §§ 97 bis 104).

Ob die Ausgleichsbücher ohne zeitliche Begrenzung, wie dies einstweilen in Aussicht genommen ist, oder für bestimmte Zeitabschnitte, vielleicht für ein Betriebsjahr, zu führen sein werden, dürfte später zu prüfen sein, wenn Erfahrungen vorliegen.

[16] Eine Brennerei, die Hefe im Würzeverfahren herstellt, hat unter keinen Umständen das Recht, den Vergällungsschein oder das Ausgleichsbuch zur Befreiung ihres vergällungspflichtigen Branntweins von der Vergällungspflicht zu benutzen; sie muß allen Branntwein, den sie über 35 Hundertteile ihres jeweiligen Durchschnittsbrandes (BfrO. § 91 Abs. 1) hinaus herstellt, unbedingt der vollständigen Vergällung zuführen.

[17] Läßt sich eine nach dem Würzeverfahren arbeitende Hefebrennerei über eine innerhalb der vergällungsfreien 35 Hundertteile ihres Durchschnittsbrandes hergestellte vollständig vergällte Branntweinmenge einen Vergällungsschein erteilen, so darf dieser Schein weder von ihr selbst noch von einer anderen Brennerei, die Hefe im Würzeverfahren herstellt, sondern nur von einer der im § 72 Abs. 1 Nr. 2 bezeichneten Brennereien als Nachweis der Erfüllung ihrer Vergällungspflicht verwendet werden.

[18] Die Brennereien unter 1 und 3 bleiben für die Berechnung und Festsetzung der der Vergällungspflicht nicht unterliegenden Alkoholmenge außer Betracht, sofern der Brennereibesitzer vor Beginn des Betriebsjahres oder ein für allemal erklärt, daß er nicht mehr als 100 hl Alkohol im Jahre erzeugen oder während des ganzen Betriebsjahres ausschließlich Roggen, Weizen,

Hafer oder Gerste verarbeiten und nicht Hefe im Würzeverfahren herstellen werde (BfrO. § 92).

[19] Und den ihnen gleichgestellten Brennereien.

[20] Vierter Abschnitt der Branntweinsteuer-Befreiungsordnung.

[21] Die vorbereitenden Arbeiten werden im Reichsschatzamte ausgeführt.

Fünfter Abschnitt.

Überwachung der Branntweinerzeugung.

§ 73.

Anzeige über die Brenn- und Wiengeräte.

Die Anfertigung, der Erwerb und der Besitz von Brenn- oder Wiengeräten[1] ist der Verwaltungsbehörde[2] anzuzeigen[3], soweit dies nicht schon auf Grund der bisherigen Vorschriften[4] geschehen ist.

[1] Brenn- und Wiengeräte sind Geräte, in denen die Alkoholdämpfe entwickelt und gereinigt werden. (BO. §§ 13, 225.) Wiengeräte insonderheit sind Geräte, die zum Wienen oder Feinbrande dienen, d. h. zu einem ein- oder mehrmal wiederholten Abtriebe des beim ersten Abtriebe gewonnenen Branntweins (Rohbranntweins) (vgl. BO. § 192).

[2] Der Hebestelle (GB. §§ 62, 63).

[3] Von der Anmeldung befreit sind Brennvorrichtungen, die in öffentlichen Lehranstalten ausschließlich zu wissenschaftlichen Zwecken und die in Apotheken ausschließlich zum Apothekenbetriebe dienen (GB. § 66).

[4] §§ 6, 7, 19, 21 des Gesetzes vom 8. 7. 1868.

§ 74
Anmeldung der Brennerei.

Wer eine Branntweinbrennerei errichten will, hat die Baupläne, bevor mit ihrer Ausführung begonnen wird, der Verwaltungsbehörde[1] vorzulegen. Die Verwaltungsbehörde[2] bestimmt bei Verschlußbrennereien insbesondere, welche baulichen Einrichtungen zur Sicherung der Verbrauchsabgabe nach Maßgabe der §§ 82 bis 88 getroffen werden sollen. Diese Vorschriften sind entsprechend anzuwenden, wenn der Umbau einer Brennerei beabsichtigt wird. Für Abfindungsbrennereien können Ausnahmen zugelassen werden[3].

[1] Dem Hauptamte (BO. § 11).
[2] Der Bezirksoberkontrolleur (BO. § 11).
[3] BO. § 223.

§ 75.

Spätestens vierzehn Tage vor der erstmaligen Eröffnung des Betriebs[1] einer Brennerei hat der Brennereibesitzer, soweit dies nicht schon auf Grund der bisherigen Vorschriften[2] geschehen ist, der Verwaltungsbehörde[3] die Brennereiräume und die mit der Brennerei in Verbindung stehenden oder unmittelbar an sie angrenzenden Räume unter Einreichung eines Grundrisses sowie die Brennvorrichtungen[4], die Gefäße, in denen der Branntwein bis zu seiner Abnahme (§ 97) aufbewahrt wird, die Meßuhren sowie die Maischbottiche unter Angabe ihrer Stellung und auf Verlangen der Verwaltungsbehörde auch den Einzelraumgehalt der Gefäße nach Litern schriftlich anzumelden[5].

Der Bundesrat wird ermächtigt, Erleichterungen[6] zuzulassen und für Abfindungsbrennereien noch andere Geräte der Anmeldepflicht zu unterwerfen[7].

[1] Als Eröffnung des Betriebes gilt bei der Verarbeitung von mehligen Stoffen, Rübenstoffen oder Zellstoffen der Beginn der ersten Einmaischung zum Zwecke der Befüllung eines Maischbottichs, bei der Verarbeitung anderer nichtmehliger Stoffe (Material) der Beginn des ersten Abtriebs (BO. § 88 Abs. 2, §§ 105, 243, 249 Abs. 3, § 277 Abs. 3).

[2] BBrStG. § 43, Ges. v. 8. 7. 1868 § 6.

[3] Der Hebestelle (BO. §§ 11, 88, 243, 249, 277).

[4] Brennvorrichtungen sind diejenigen Geräte, in denen die Alkoholdämpfe entwickelt oder gereinigt (Brenn- und Wiengeräte) und niedergeschlagen werden (Kühler nebst Vorlagen) (BO. § 13 unter a).

[5] Anmeldung der Räume (BO. §§ 12, 224),
Anmeldung der Geräte (BO. §§ 13, 225),
Grundriß (BO. §§ 14, 224 Abs. 2),
Zeichnung und Beschreibung der Brennvorrichtung (BO. § 15).

[6] Brennereien, die an einem Betriebstage durchschnittlich nicht mehr als 150 l Alkohol erzeugen, kann die oberste Landesfinanzbehörde die Einreichung eines Grundrisses erlassen (BO. § 11 Abs. 3).

[7] BO. § 225.

§ 76.

Vermessung und Bezeichnung der Brennereigeräte.

Die angemeldeten Gefäße können amtlich vermessen[1] und gestempelt werden; sie sind vom

Brennereibesitzer nach näherer Anordnung der Verwaltungsbehörde[2] mit einer Nummer und der Angabe des Raumgehalts zu versehen. Diese Bezeichnung ist gehörig zu erhalten und nötigenfalls zu erneuern[3].

Ges. vom 8. 7. 68 § 8.

[1] BO. §§ 16 bis 22, 226 bis 231. In Verschlußbrennereien sind die amtlichen Branntwein-Sammelgefäße und die Branntwein-Aufbewahrungsgefäße trocken und naß zu vermessen, sofern nicht das Hauptamt für letztere von der nassen Vermessung absieht (BO. § 17 Abs. 1), die Maischbottiche trocken oder naß zu vermessen (BO. § 18). Was die Abfindungsbrennereien anlangt, so sind trocken und naß zu vermessen die Maischbottiche und Sauermaischbehälter in den nach dem Bottichraum abgefundenen Brennereien, und die Brennblasen in den nach der Leistungsfähigkeit der Brennvorrichtung abgefundenen Brennereien (BO. § 227 Abs. 1). Die trockene Vermessung erfolgt in Preußen nach der Conradischen Anleitung zur Bestimmung des Literinhalts der Brennerei- und Brauereigeräte durch Vermessung auf trockenem Wege nebst Tabellen zur Feststellung des Literinhalts zylindrischer Räume (Allg. Verf. des Kgl. Prß. Finanzministers vom 17. September 1909, II, 1, PrßZBl. S. 341).

[2] Des Oberkontrolleurs.

[3] BO. §§ 23, 232.

§ 77.

Aufbewahrung der Brennereigeräte[1].

Die angemeldeten Brennereigeräte sind in den Brennereiräumen an den im Grundrisse dafür angegebenen Plätzen aufzubewahren. Die Verwaltungsbehörde[2] kann Ausnahmen zulassen.

Ges. vom 8. 7. 68, §§ 6, 19 Abs. 1.

[1] BO. §§ 24, 233.
[2] Der Oberkontrolleur. Bei Abfindungsbrennereien kann die Direktivbehörde für ihren Verwaltungsbereich Ausnahmen zulassen.

§ 78.

Veränderungen im Gerätestande[1].

Besitzer von Brennereien dürfen anmeldepflichtige Brennereigeräte, andere Personen dürfen Brenn- und Wiengeräte weder ganz noch teilweise aus den Händen geben, bevor sie der Verwaltungsbehörde[2] den Empfänger angezeigt und eine Bescheinigung hierüber erhalten haben.

Ges. v. 8. 7. 1868 §§ 6, 7.

[1] BO. §§ 27, 235.
[2] Der Hebestelle.

§ 79.

Sollen angemeldete Brennereigeräte an einem anderen Platze aufgestellt oder geändert werden oder kommen anmeldepflichtige Brennereigeräte in Zugang, so hat der Brennereibesitzer dies der Verwaltungsbehörde[1] anzuzeigen. Gleiche Anzeige ist erforderlich über jede Änderung in Ansehung der angemeldeten Räume.

Ges. v. 8. 7. 1868 § 6.

[1] Der Hebestelle.

§ 80.

Wechsel im Besitze der Brennerei.

Jeder Wechsel im Besitz einer Brennerei[1] ist der Verwaltungsbehörde[2] binnen einer Woche vom neuen und in den Fällen freiwilliger Besitzübertragung auch vom bisherigen Besitzer anzuzeigen.

BBrStG. § 14.

[1] Z. B. durch Erbgang, Verkauf oder Verpachtung (BO. §§ 26, 234).
[2] Der Hebestelle.

§ 81.

Außergebrauchsetzen von Geräten[1].

Maischgeräte und Brennvorrichtungen dürfen für die Zeit, für die sie nicht zum Brennereibetrieb angemeldet sind, amtlich gegen Benutzung gesichert oder durch Anordnung der Verwaltungsbehörde[2] außer Gebrauch gesetzt werden[3].

Ges. v. 8. 7. 1868 §§ 9, 22.

[1] BO. §§ 72 bis 74, 331 bis 336.
[2] Des Oberkontrolleurs.
[3] Durch Anlegung amtlicher Verschlüsse oder durch andere Maßnahmen. Die getrennte Aufbewahrung des Blasenhelms oder des Schlußstücks in Abfindungsbrennereien hat auf Anordnung der Direktivbehörde bei der Hebestelle oder bei einer vom Hauptamte zu bestimmenden Person oder in einem vom Brennereiraume möglichst entferntem Raume im Anwesen des Brennereibesitzers zu erfolgen (BO. § 334 Abs. 1).

§ 82.

Sicherung gegen heimliche Entnahme von Branntwein[1].

In den Brennereien sind nach näherer Anordnung der Verwaltungsbehörde[2] mit den Brennvorrichtungen in fester Verbindung stehende Sammelgefäße aufzustellen, in die der gesamte gewonnene Branntwein geleitet wird, sowie alle sonstigen Einrichtungen zu treffen, welche die Verwaltungsbehörde zur Sicherung gegen heimliche Ableitung oder Entnahme von alkoholhaltigen Dämpfen oder Branntwein für erforderlich erachtet.

BBrStG. § 5 Abs. 1.

[1] Erstes Buch, zweiter Abschnitt der Brennereiordnung.

[2] Zuständig als Verwaltungsbehörde ist nach den Ausführungsbestimmungen des Bundesrats der Oberkontrolleur in den Fällen der BO. § 56 Abs. 4, § 59 Abs. 2, § 60 Abs. 3, § 63 Abs. 1, § 64 Abs. 1, § 65, das Hauptamt in den Fällen der BO. § 36 Abs. 2, 3, § 37 Abs. 2, §§ 38, 39 Abs. 5, § 40 Abs. 2, §§ 41, 42 Abs. 2, 5, §§ 43, 46 bis 48, § 51 Abs. 1, §§ 53, 55 Abs. 4, § 57 Abs. 2, § 60 Abs. 1, 2, § 61 Abs. 2, die Direktivbehörde in den Fällen der BO. § 42 Abs. 4, § 51 Abs. 2, § 67 Abs. 1, die oberste Landesfinanzbehörde in den Fällen des § 67 Abs. 2 a. a. O.

§ 83.

Die Räume zur Aufstellung der Sammelgefäße müssen den Anforderungen der Verwaltungsbehörde entsprechen. Der Zugang muß mit Vorrichtungen zur Anlegung von amtlichen Kunstschlössern[1] versehen sein.

BBrStG. § 5 Abs. 2.

[1] Außerdem mit Vorrichtungen zur Anlegung eines Privatverschlusses (BO. § 50 Abs. 1).

§ 84.

In Fällen, in denen geeignete Räume zur Aufstellung von Sammelgefäßen nicht oder nur mit unverhältnismäßig hohen Kosten eingerichtet werden können[1], sind auf Anordnung der Verwaltungsbehörde[2] zuverlässige mit der Brennvorrichtung in fester Verbindung stehende Meßuhren statt der Sammelgefäße aufzustellen[3][4].

BBrStG. § 6.

[1] Auch in Fällen, in denen die Aufstellung von Sammelgefäßen unzweckmäßig sein würde (BO. § 178 Abs. 1).

[2] Der Direktivbehörde (BO. § 178).

[3] Bestimmungen über die Anwendung von amtlichen Meßuhren, Führung des Meßuhrbuchs, Eintragungen der Aufsichtsbeamten, Aufbewahrung und Abnahme des Branntweins, Behandlung der Fehlmengen, Störungen der Meßuhr BO. §§ 178 bis 191.

[4] Die Bestimmungen über die Beschaffenheit, Aufstellung und Behandlung der Meßuhren enthält die Meßuhrordnung. Sie ist genehmigt durch Beschluß des Bundesrats vom 18. November 1909 § 883 der Protokolle (RZBl. S. 1411).

§ 85.

Die Meßuhren sollen die Menge des aus der Brennvorrichtung fließenden Branntweins und des darin enthaltenen Alkohols fortlaufend anzeigen[1] oder die Menge des Branntweins anzeigen und die spätere amtliche Ermittelung der Stärke durch Zurückbehaltung von Proben ermöglichen[2].

BBrStG. § 6.

Als amtliche Meßuhren sind zugelassen: Der Siemenssche Alkoholmesser und die Siemensschen Probenehmer.

[1] Der Alkoholmesser hat die Aufgabe, die Menge des aus der Brennvorrichtung fließenden Branntweins und zugleich die Menge des darin enthaltenen Alkohols selbsttätig und fortlaufend anzuzeigen; er ist für die Feststellung von alkoholreichem Branntweine bestimmt und wird in Brennereien verwendet, in denen die Stärke des in die Meßtrommel eintretenden Branntweins in der Regel nicht unter 40 Raumprozent herabgeht (MO. § 2 Abs. 1, §§ 18 bis 46).

[2] Die Probenehmer haben die Aufgabe, die Menge des aus der Brennvorrichtung fließenden Branntweins anzuzeigen und die spätere amtliche Ermittlung der Stärke durch Zurückbehaltung von Proben zu ermöglichen; sie sind zur Feststellung von alkoholarmem Branntweine bestimmt und werden auch in solchen Brennereien angewendet, in denen ein Alkoholmesser nicht aufgestellt werden kann, weil stets ein Teil des gewonnenen Branntweins eine Alkoholstärke von weniger als 40 Raumprozent hat (MO. § 2 Abs. 2 und § 47). Der Probenehmer wird in verschiedenen Ausführungen hergestellt, damit er den mannigfachen Betriebsverhältnissen angepaßt werden kann,

a) als Probenehmer mit Zwanzigslitertrommel (MO. §§ 48 bis 60),
b) als Probenehmer mit Zehnlitertrommel (MO. § 71),
c) als Probenehmer mit Sechslitertrommel (MO. §§ 61 bis 70),

d) als Probenehmer mit beweglicher Schöpfeinrichtung (MO. §§ 72 bis 76 und 77 bis 80).

Welche Art der Meßuhren angewendet werden soll, ist im Einzelfalle nach den Einrichtungen und Abtriebsverhältnissen der Brennerei zu entscheiden. Die oberste technische Behörde für die Prüfung und Behandlung der Meßuhren ist die Kaiserliche Technische Prüfungsstelle in Berlin (MO. § 16). Jede Meßuhr ist von der Technischen Prüfungsstelle zu prüfen, bevor sie an die Brennerei versandt wird (MO. § 3 Abs. 1). Aufgestellt und amtlich verschlossen wird die Meßuhr durch zwei Beamte, von denen einer ein Oberbeamter sein muß (MO. § 5). Die Technische Prüfungsstelle nimmt Besichtigungen und Nachprüfungen nach einem mit der obersten Landesfinanzbehörde zu vereinbarenden Plane vor (MO. § 13). Der Reichskanzler ist ermächtigt, auch andere als die oben bezeichneten Meßuhren zuzulassen und ihre Verwendung und Behandlung zu ordnen (MO. § 17).

§ 86.

Die Verwaltungsbehörde[1] kann die Aufstellung von Sammelgefäßen und zugleich von Meßuhren verlangen[2]; sie kann die Mindestmenge des zur Abfertigung vorzuführenden Alkohols (§§ 97, 98) im voraus bindend festsetzen.

BBrStG. § 7.

[1] Die Direktivbehörde (BO. § 67 Abs. 1 unter b).

[2] Es kann verlangt werden, daß in Brennereien, die Sammelgefäße haben, neben diesen noch Meßuhren aufgestellt werden, und daß in Brennereien, die mit Meßuhren ausgestattet sind, neben diesen noch Sammelgefäße aufgestellt werden. Die Verwaltung soll durch die Vorschrift in die Lage gebracht werden, die Sicherheit

der Verschlußeinrichtung zu verstärken, wenn dies zweckmäßig oder erwünscht erscheint. In Fällen dieser Art finden gegebenenfalls die §§ 91, 92 Anwendung.

[3] Die Festsetzung der Mindestmenge des zur Abfertigung vorzuführenden Alkohols ist hier eine Maßregel zur Verstärkung der Sicherheit der Verschlußeinrichtung in Verschlußbrennereien; sie ist zu unterscheiden von der Abfindung auf die Mindestmenge (§ 17).

§ 87.

Die Brennvorrichtungen, Sammelgefäße und Meßuhren sowie die sie verbindenden Rohrleitungen und die Sammelgefäßräume sind amtlich so zu sichern, daß alkoholhaltige Dämpfe oder Branntwein nicht heimlich abgeleitet oder entnommen werden können[1].

BBrStG. § 5 Abs. 2.

[1] Durch amtlichen Verschluß sind zu verbinden

a) alle Teile und Rohre des Brenngeräts, die Lutter oder Branntwein enthalten oder fortführen;

b) alle Teile der zwischen dem Brenngerät und den amtlichen Sammelgefäßen oder der amtlichen Meßuhr liegenden Geräte und Rohre, die Alkoholdämpfe, Lutter oder Branntwein enthalten oder fortführen;

c) alle Teile der amtlichen Sammelgefäße und der amtlichen Meßuhr.

BO. § 55 Abs. 1.

Sämtliche zu verschließende Flanschen und sonstige Rohrverbindungen der Branntweinrohrleitung außerhalb des Sammelgefäßraumes sind außerdem mit Metallkappen zu umgeben; ebenso diejenigen Rohre, welche

Lutter von einem Teile des Brenngeräts zu einem anderen fortleiten; bei diesen Lutterrohren kann der Oberkontrolleur von der Anlegung der Metallkappen absehen, wenn besondere Schwierigkeiten entgegenstehen (BO. § 59).

Die Einrichtungen zur Sicherung bestehen hiernach im wesentlichen in dem einfachen Verschluß und dem Doppelverschluß.

§ 88.

Der Bundesrat wird ermächtigt, für Brennereien, die bis zum Inkrafttreten dieses Gesetzes der Abfindung unterlegen haben, sowie für neu entstehende Obstbrennereien Anordnungen[1] zu treffen, die von den Vorschriften der §§ 82 bis 87 abweichen.

[1] Maßgebend bleibt die Vorschrift im § 15. Die angeordneten Erleichterungen dürfen daher nicht soweit gehen, daß eine Brennerei mit einer Jahreserzeugung von mehr als 30 hl Alkohol infolgedessen aufhörte, Verschlußbrennerei zu sein. Eine darüber hinaus im § 67 Abs. 3 bis 5 der Brennereiordnung vom Bundesrate zugelassene Ausnahmebestimmung wird dazu beitragen, den Übergang zu erleichtern.

§ 89.

Die Verwaltungsbehörde kann den Betrieb einer Brennerei untersagen, solange die nach §§ 82 bis 88 erforderlichen amtlichen Sicherungen nicht getroffen und die amtlichen Anordnungen in dieser Hinsicht nicht befolgt sind.

BBrStG. § 8.

§ 90.

Der Brennereibesitzer ist verpflichtet, die Brennerei auf seine Kosten den §§ 82 bis 88 entsprechend herzurichten und in einem diesen Vorschriften entsprechenden Zustande zu erhalten.

BBrStG. § 5.

§ 91.

Kosten der Anschaffung von Sammelgefäßen.

Für die vor dem 1. Oktober 1908 entstandenen Brennereien[1], die bis zum Inkrafttreten dieses Gesetzes der Abfindung unterlegen haben, sowie in den Fällen des § 86[2] werden die Kosten der erstmaligen Anschaffung[3] von Sammelgefäßen, Meßuhren, Überrohren und Kunstschlössern aus der Reichskasse erstattet.

BBrStG. § 9.

[1] Gleichviel, ob die Brennereien von Amts wegen oder auf Antrag in Verschlußbrennereien umgewandelt werden (BO. § 71 Abs. 2 unter a).

[2] D. h., wenn für eine mit einer amtlichen Meßuhr ausgestattete Verschlußbrennerei daneben die Aufstellung von Sammelgefäßen oder wenn für eine mit Sammelgefäßen versehene Verschlußbrennerei außerdem die Aufstellung einer amtlichen Meßuhr verlangt wird.

[3] Vgl. BO. § 71 Abs. 4. Zu den Kosten der erstmaligen Anschaffung von Sammelgefäßen und Meßuhren gehören auch die Kosten der Vorlagen und solcher (Drei-, Vier- usw.) Wegehähne, welche zur Befüllung der amtlich verschlossenen Sammelgefäße in die Branntweinrohrleitung eingeschaltet sind. Die Vorlagen und Wegehähne sind bei Sammelgefäß-Brennereien eine für die Betriebsführung notwendige Ergänzung der amtlichen

Sammelgefäße, die Vorlagen bei Meßuhrbrennereien ein Zubehörstück der amtlichen Meßuhr. Die Kosten einer in die Branntweinrohrleitung zwischen Kühler und Vorlage zur Entnahme kleiner Proben eingeschalteten Meßvorrichtung (BO. § 42 Abs. 4) werden nur dann auf die Reichskasse zu übernehmen sein, wenn die Meßvorrichtung unter den im Einzelfall obwaltenden Umständen als unentbehrliches Zubehörstück des Sammelgefäßes oder der Meßuhr anzusehen ist. Dies wird dann der Fall sein, wenn in der Brennerei ein brauchbares Erzeugnis ohne fortgesetzte Entnahme von Proben nicht zu erzielen ist, insbesondere wenn der in den verschiedenen Abschnitten der Entgeistung gewonnene Rauhbrand nicht in einem Gefäße gesammelt werden kann, sondern getrennt und in verschiedene Sammelgefäße geleitet werden muß.

§ 92.

Der Bundesrat wird ermächtigt, in den Fällen des § 91[1] aus Gründen der Billigkeit[2] auch die Kosten der auf Verlangen der Verwaltungsbehörde ausgeführten baulichen Änderungen bis zur Hälfte auf die Reichskasse zu übernehmen, sofern die Änderungen innerhalb zweier Jahre nach dem Inkrafttreten dieses Gesetzes ausgeführt werden.

[1] In Fällen, in denen zur Ausführung des neuen Branntweinsteuergesetzes

a) in einer der im § 91 bezeichneten Brennereien Sammelgefäße oder eine Meßuhr oder Sammelgefäße und eine Meßuhr,
b) in einer Verschlußbrennerei mit Meßuhr außerdem Sammelgefäße oder in einer Verschlußbrennerei mit Sammelgefäßen außerdem eine Meßuhr

aufgestellt werden (BO. § 71a Abs. 1).

[2] Gründe der Billigkeit sind in den Fällen unter 1 b nicht anzunehmen, wenn die Aufstellung der Sammelgefäße oder Meßuhren durch Abnutzung der Verschlußeinrichtungen oder durch Maßnahmen des Brennereibesitzers notwendig geworden ist (BO. § 71 a Abs. 1).

§ 93.
Maischbottiche und Nebengeräte.

In den Verschlußbrennereien unterliegt die Einrichtung der Maischbottiche keinen Beschränkungen, auch dürfen außer den Maischbottichen andere Geräte zur Bereitung und Aufbewahrung von Maische ohne Beschränkung auf eine bestimmte Zahl, Größe oder Beschaffenheit und ohne besondere Erlaubnis benutzt werden[1].

Ges. v. 8. 7. 68 §§ 27, 28.

[1] Die Erleichterungen ergeben sich aus der Beseitigung der Maischbottichsteuer.

§ 94.
Betriebsanmeldung.

Die Eröffnung des Betriebs[1] einer Brennerei ist der Hebestelle im voraus anzumelden[2]. Die Anmeldung ist von der Hebestelle zu prüfen und, wenn dabei sich nichts zu erinnern findet, zu genehmigen.

Soll der Betrieb geändert[3], nach Ablauf des angemeldeten Zeitraums fortgesetzt oder nach einer Pause wieder aufgenommen werden, so ist eine neue Betriebsanmeldung in gleicher Weise einzureichen.

Die näheren Bestimmungen über Form, Inhalt,

Aufbewahrung und Befolgung der Betriebsanmeldung[4] sowie über die Einmaischungs-[5], Gär-[6] und Brennfristen (Abtriebszeiten)[7] trifft der Bundesrat, indessen sollen in Verschlußbrennereien die Behandlung der Maische in den Bottichen und Maischbehältern sowie die Gärfristen keinen Beschränkungen unterliegen[8].

Ges. v. 8. 7. 68 §§ 10, 11, 24 bis 35.

[1] Vgl. A. 1 zu § 75.

[2] Anzeige der Betriebseröffnung BO. § 88 Abs. 1 §§ 243, 249 Abs. 1, 2, § 277 Abs. 1, 2.

[3] BO. §§ 91, 243, 258, 259, 288, 289.

[4] Betriebsanmeldung

a) in Verschlußbrennereien: Betriebserklärung (BO. §§ 89 bis 91), Betriebsplan (BO. §§ 92 bis 102);

b) in Abfindungsbrennereien: Betriebserklärung und Betriebsplan im Falle der Abfindung nach dem Bottichraum (BO. §§ 243, 244),

Abfindungsplan im Falle der Abfindung nach der Leistungsfähigkeit der Brennvorrichtung (BO. §§ 249ff.),

Abfindungsanmeldung im Falle der Abfindung nach der Stoffmenge (BO. §§ 277ff.).

[5] BO. §§ 104, 105, 243.

[6] BO. §§ 117, 243.

[7] BO. §§ 118, 243, 251, 260, 265. Der Bundesrat ist hiernach befugt, auch die Festsetzung der steuerpflichtigen Abtriebszeiten für Abfindungsbrennereien anderweit zu ordnen.

[8] Weitergehende Vereinfachungen der Ausführungsbestimmungen sind vorbehalten. Zunächst muß abgewartet werden, wie sich die Betriebsführung der Brennereien für die Folge gestalten wird.

§ 95.
Betriebsunterbrechung; Verschluß- und Geräteverletzung.

Wird der Brennereibetrieb unterbrochen oder ein amtlicher Verschluß oder einer derjenigen Teile der Brennereigeräte einschließlich der Sammelgefäße und der Meßuhr verletzt, aus denen alkoholhaltige Dämpfe oder Branntwein heimlich abgeleitet oder entnommen werden können, oder tritt eine Störung im Gange der Meßuhr ein, so hat der Brennereibesitzer dies alsbald der Verwaltungsbehörde[1] anzuzeigen.

BBrStG. § 10 Abs. 1.

[1] Der Hebestelle und dem Oberkontrolleur (BO. § 139).

§ 96.

Ist durch die Verletzung ein Zugang zu dem Alkohol ermöglicht oder die regelmäßige Tätigkeit der Meßuhr beeinflußt worden, so hat die Verwaltungsbehörde[1] die erforderlichen Maßnahmen[2] zu treffen; äußerstenfalls kann sie anordnen, daß der Brennereibetrieb vorübergehend eingestellt wird[3]. Das Gleiche gilt bei jeder anderen in der regelmäßigen Tätigkeit der Meßuhr eintretenden Störung.

BBrStG. § 10 Abs. 2, 3.

[1] In der Regel der Oberkontrolleur (BO. §§ 140, 142).
[2] Eine dieser Maßnahmen ist die vorübergehende Abfindung der Brennerei. Diese geschieht in der Weise,

daß die Mindestmenge des zur Abfertigung vorzuführenden Alkohols festgesetzt wird (BO. § 140 Abs. 2).

[3] In Hefebrennereien nur der Betrieb der Brennerei, nicht auch die Hefebereitung.

§ 97.
Branntweinabnahme.

Soweit nicht im § 15 Ausnahmen vorgesehen sind, ist die Alkoholmenge des erzeugten Branntweins in der Brennerei amtlich festzustellen und der Branntwein abzufertigen (Branntweinabnahme)[1 2 3 4]. Der Branntwein bleibt unter amtlicher Überwachung, bis er abgabenfrei gelassen (§ 3) oder bis die Verbrauchsabgabe gezahlt oder gestundet ist.

BBrStG. § 11 Abs. 1.

[1] Branntweinabnahme in Verschlußbrennereien mit Sammelgefäßen (BO. §§ 144 bis 151), in Verschlußbrennereien mit amtlichen Meßuhren (BO. §§ 184 bis 189).

[2] Sofern nicht Ausnahmen zugelassen, sind die Branntweinabfertigungen durch zwei Beamte vorzunehmen (Abfertigungsbeamte) (GB. § 9). Der erste Abfertigungsbeamte ist in der Regel ein Assistent, ein Einnehmer oder ein im Range höher stehender Beamter. Der Kgl. Preußische Finanzminister hat die Direktivbehörden ermächtigt, im Falle des Bedürfnisses auch einzelnen Zollaufsehern die Befugnis, als erste Abfertigungsbeamte an Branntweinabfertigungen teilzunehmen, allgemein oder für bestimmte Fälle zu erteilen (Allg. Verfügung des Preuß. Finanzministers vom 17. September 1909, III 15522 I, 1. PrZBl. S. 341).

[3] In den mit Meßuhr ausgestatten Verschlußbrennereien kann der erzeugte Branntwein, soweit er als der

Vergällungspflicht nicht unterliegend abgefertigt werden darf, mit Genehmigung der Direktivbehörde ohne Vorführung nach der Anzeige der Meßuhr versteuert oder von der Meßuhr durch eine steuersichere Rohrleitung unmittelbar in ein Lager oder in eine Reinigungsanstalt übergeführt werden (Branntweinabnahme durch Abrechnung). In einer Brennerei mit Alkoholmesser kann alsdann der erste Abfertigungsbeamte die Abnahme allein ausführen (BO. §§ 188, 189).

[4] Abfertigungsräume. GB. § 34.

§ 98.

Bleibt in den Fällen, in denen eine Meßuhr benutzt wird[1] oder die Mindestmenge des zur Abfertigung vorzuführenden Alkohols festgesetzt worden ist[2], die bei der Branntweinabnahme vorgefundene Alkoholmenge hinter der Anzeige der Meßuhr[3] oder hinter der auf Grund dieser Anzeige festgestellten Alkoholmenge[4] oder hinter der festgesetzten Mindestmenge zurück und ist eine Entnahme von Branntwein ausgeschlossen, so bleibt die Fehlmenge abgabenfrei.

BBrStG. § 11 Abs. 2.

[1] §§ 84 bis 87.

[2] a) Bei der Abfindung auf die Mindestmenge (§ 17 und A. 1 bis 3 dazu); bei der vorübergehenden Abfindung auf die Mindestmenge im Falle einer Verschlußverletzung (§ 96 und A. 2 dazu);

b) in anderen Fällen, insonderheit in Verschlußbrennereien zur Verstärkung der Sicherheit der Verschlußeinrichtung (§ 86 und A. 3 dazu).

[3] Beim Alkoholmesser.

[4] Beim Probenehmer.

§ 99.
Amtliche Aufsicht.

Die Beamten sind befugt, eine Brennerei, sobald sie zum Betrieb angemeldet ist, zu jeder Zeit, sonst von Morgens 6 bis Abends 9 Uhr zu besuchen. Die Brennerei muß ihnen zu diesem Zwecke sogleich geöffnet werden. Die Zeitbeschränkung fällt weg, wenn Gefahr besteht[1]. Die Befugnis erstreckt sich auf alle angemeldeten[2] sowie auf diejenigen Räume, in welchen Brennereigeräte oder Teile von außer Gebrauch gesetzten Brennereigeräten oder zum Brennereibetriebe bestimmte nichtmehlige Stoffe aufbewahrt werden[3].

BBrStG. § 43, Ges. v. 8. 7. 1868 §§ 43 Abs. 1, 44.

[1] D. h. wenn durch das Aufschieben des Besuchens der Brennerei die Einnahmen an Verbrauchsabgabe oder Betriebsauflage gefährdet werden könnten.

[2] Vgl. § 75 Abs. 1 und A. 5 dazu.

[3] Für Preußen ist durch allgemeine Verfügung des Finanzministers vom 17. September 1909, III. 15522, eine „Anweisung für die Handhabung der Steueraufsicht in den Brennereien" erlassen (PrZBl. 1909 S. 349ff.).

§ 100.

Solange in der Brennerei gearbeitet wird oder jemand sich darin befindet, müssen die Zugänge zu ihr sowie zum Brennereigrundstück unverschlossen und unbehindert sein. Die Verwaltungsbehörde[1] kann Ausnahmen zulassen.

Ges. v. 8. 7. 1868 § 43 Abs. 2.

[1] Der Oberkontrolleur (BO. § 202 Abs. 2).

§ 101.

Innerhalb der der amtlichen Aufsicht unterliegenden Räume dürfen keine Maßnahmen getroffen werden, welche die Ausübung der Aufsicht hindern oder erschweren[1].

Ges. v. 8. 7. 68 § 19 Abs. 1.

[1] Z. B. dürfen in den Betriebsräumen Geräte nur insoweit aufbewahrt werden, als dadurch die Revision nicht erschwert wird (BO. § 24 Abs. 4, § 233 Abs. 4).

§ 102.

Der Brennereibesitzer hat den Beamten jede für die amtliche Aufsicht oder zu statistischen Zwecken erforderliche Auskunft über den Betrieb zu erteilen und für die zum Zwecke der Aufsicht und Abfertigung stattfindenden Amtshandlungen die nötigen Vorkehrungen zu treffen, die Gerätschaften zu stellen[1] und die erforderlichen Hilfsdienste[2] zu leisten.

Den Oberbeamten[3] sind die Bücher und Schriftstücke über die Herstellung des Branntweins und bei landwirtschaftlichen Brennereien über den Wirtschaftsbetrieb[4] auf Erfordern zur Einsicht vorzulegen.

Ges. v. 8. 7. 68 § 46.

[1] GB. § 41.

[2] GB. § 42.

[3] Oberkontrolleure und die ihnen gleichgestellten und übergeordneten Beamten (GB. § 7).

[4] Damit geprüft werden kann, ob die landwirtschaftlichen Brennereien die allgemeinen und die für sie etwa in Betracht kommenden besonderen Bedingungen für den landwirtschaftlichen Betrieb (§§ 10, 11) erfüllen.

§ 103.

Ist der Brennereibesitzer wegen Hinterziehung[1] bestraft worden, so kann die Brennerei besonderen Aufsichtsmaßnahmen[2] unterworfen werden.

Die Kosten fallen dem Brennereibesitzer zur Last; die Einziehung erfolgt gegebenenfalls nach den Vorschriften über das Verfahren für die Beitreibung der Zölle[3] und mit dem Vorzugsrechte der letzteren[4].

VBrStG. § 7.

[1] §§ 111 ff.

[2] Die Brennerei kann z. B. unter Bewachung durch dauernd anwesende Beamte gestellt werden, oder es kann neben dem Sammelgefäß eine Meßuhr aufgestellt werden.

[3] Vgl. § 138 und A. 2 dazu.

[4] §§ 14, 100 VZG., § 49 Abs. 1 Nr. 1 der Reichskonkursordnung, § 805 der Reichszivilprozeßordnung.

§ 104.
Betriebsleiter.

Brennereibesitzer, die den Betrieb nicht selbst leiten, haben der Verwaltungsbehörde diejenigen Personen zu bezeichnen[1], die als Betriebsleiter[2] in ihrem Namen zu handeln befugt sind.

Die im § 102 und § 103 Abs. 1 für den Brennereibesitzer gegebenen Vorschriften gelten auch für den Betriebsleiter.

VBrStG. § 29.

[1] Auf Grund dieser Mitteilung ist der Betriebsleiter der Verwaltungsbehörde gegenüber zur Vertretung des Brennereibesitzers befugt. Die Vertretungsmacht bleibt

bestehen, bis die Mitteilung der Verwaltungsbehörde gegenüber widerrufen wird (BGB. § 171). Eines solchen Widerrufs bedarf es nicht, wenn die Verwaltungsbehörde das Erlöschen der Vertretungsmacht kannte oder kennen mußte (BGB. § 173).

[2] Vgl. §§ 125, 126.

§ 105.
Reinigungsanstalten und Lager.

Die Vorschriften in den §§ 99 bis 104 sind auf die amtliche Überwachung[1] der Branntweinreinigungsanstalten und Branntweinlager unter amtlichem Mitverschlusse sinngemäß anzuwenden.

BBrStG. § 11 Abs. 3.

[1] „Amtliche Überwachung" auch hier gleichbedeutend mit der steuerlichen Kontrolle des bisher in Geltung gewesenen Branntweinsteuergesetzes.

Sechster Abschnitt.
Besondere Vorschriften.

§ 106.
Einfuhr aus dem Auslande.

Der Eingangszoll für den Doppelzentner beträgt vom 10. Juli 1909 ab:

für Branntwein aller Art einschließlich des Weingeistes[1], für Arrak, Rum, Kognak und versetzte[2] Branntweine sowie für Mischungen von Weingeist mit Äther und Lösungen von Äther in Weingeist

1. in Fässern
   a) Likör[3] . . . . 350 Mark,
   b) anderen Branntwein . . . . 275 „
2. in anderen Behältnissen . . . . 350 „ ;

für Äther[4] aller Art, einfache und zusammengesetzte, auch Kognaköl (Weinbeeröl)
1. in Fässern . . . . 275 Mark,
2. in anderen Behältnissen . . . . 350 „ ;

für äther- oder weingeisthaltige Riechmittel[5] (Parfümerien) und Schönheitsmittel (kosmetische Mittel, zum Beispiel Haarfärbemittel sowie Haut- und andere Verschönerungsmittel); für äther- oder weingeisthaltige Kopf-, Mund- und Zahnwässer; für wohlriechende oder zur Verbreitung von Wohlgeruch dienende äther- oder weingeisthaltige Auszüge (Essenzen, Extrakte, Tinkturen) und Wässer; für wohlriechenden Essig . . . . . . 400 Mark;

für Essigsäure, auch kristallisiert (Eisessig), und Essigsäureanhydrid bei einem Gewichte der unmittelbaren Umschließung nebst Inhalt
von mindestens 20 Kilogramm . . 42 Mark,
von weniger als 20 Kilogramm . 78 „ .

Der Bundesrat wird ermächtigt, die im Abs. 1 vorgesehenen Zollsätze

für Branntwein usw.
1. in Fässern
   a) Likör von 350 bis auf 300 Mark,
   b) anderen Branntwein von 275 bis auf 225 Mark,

2. in anderen Behältnissen von 350 bis auf 300 Mark,

für Äther usw. auch Kognaköl

1. in Fässern von 275 bis auf 225 Mark,
2. in anderen Behältnissen von 350 bis auf 300 Mark,

für äther- oder weingeisthaltige Riech- und Schönheitsmittel, Kopf-, Mund- und Zahnwässer, wohlriechende usw. Auszüge und Wässer, wohlriechenden Essig von 400 bis auf 350 Mark

vom 10. Juli 1909 ab herabzusetzen[6].

BBrStG. § 44.

[1] Auch für Branntwein in fester Form (WB. S. 78 unter „Branntwein").

[2] Auch für die mit Heilmittelstoffen versetzten Branntweine (WB. a. a. O.).

[3] Als Likör sind alle Branntweine zu verzollen, die drei oder mehr Hundertteile Extrakt enthalten (WB. S. 78, Anmerkung zu „Branntwein"). Vgl. A. 3 zu § 56.

[4] Auch Ester (Säureäther). Als Äther und Ester im Sinne dieser Vorschrift sind nur die Äther und Ester der Alkohole des Gärungsgewerbes (des Äthyl-, des Amyl-, des Butyl- und des Propylalkohols) sowie diejenigen des Methylakohols, einschließlich der verdichtet (verflüssigt) eingehenden gasförmigen Äther und Ester dieser Art, anzusehen (WB. S. 28, Anmerkung unter „Äther").

[5] Zu den ätherhaltigen Riechmitteln gehören auch Verbindungen von Äthern oder Estern der in A. 4 bezeichneten Art mit künstlichen Riechstoffen oder flüchtigen (ätherischen) Ölen (WB. S. 28, Anmerkung unter „Äther").

[6] Der Bundesrat hat die Zollsätze durch Beschluß

vom 12. Juli 1909, § 609 der Protokolle, auf die im zweiten Absatz angegebenen Mindestsätze herabgesetzt und durch Beschluß vom 24. Juli 1909 das Warenverzeichnis zum Zolltarif danach ergänzt (RZBl. S. 407).

§ 107*.

Branntweinhandel.

Die Verwendung von Branntweinschärfen[1] ist untersagt. Die Bestimmungen, die hierüber vom Bundesrate getroffen werden, sind dem Reichstage mitzuteilen.

Unter der Bezeichnung Kornbranntwein[2] darf nur Branntwein feilgehalten werden, der ausschließlich aus Roggen, Weizen, Buchweizen, Hafer oder Gerste hergestellt ist.

[1] Unter „Branntweinschärfen" werden Stoffe oder Zubereitungen zu verstehen sein, die dem damit versetzten Branntweine den Anschein geben, als ob er einen höheren Alkoholgehalt hätte als er tatsächlich besitzt.

Wer zum Zwecke der Täuschung im Handel und Verkehre Trinkbranntwein durch Zusetzen solcher Stoffe oder Zubereitungen verfälscht, wird nach § 10 des Gesetzes, betreffend den Verkehr mit Nahrungsmitteln, Genußmitteln und Gebrauchsgegenständen, vom 14. Mai 1879 (RGBl. S. 145) mit Gefängnis bis zu sechs Monaten und mit Geldstrafe bis zu 1500 M oder mit einer dieser Strafen bestraft. Dieselbe Handlung verletzt auch die §§ 107, 129 des Branntweinsteuergesetzes. Da in-

---

* Die Erwägungen über die Ausführung des § 107 sind noch nicht zum Abschlusse gelangt; Ausführungsbestimmungen des Bundesrats liegen daher zur Zeit noch nicht vor.

dessen das Nahrungsmittelgesetz die schwerste Strafart (Gefängnis) androht, kommt nach § 73 StGB. in Fällen dieser Art nur der § 10 des Nahrungsmittelgesetzes zur Anwendung.

Ist die Absicht einer Täuschung nicht erwiesen, beispielsweise, wenn der Zusatz von Branntweinschärfen auf eine Fahrlässigkeit zurückzuführen sein sollte, oder ist nicht erwiesen, daß die Täuschung im Handel und Verkehr erfolgen sollte, so bietet § 107 eine Handhabe, die Verwendung der Schärfe mit der im § 129 vorgesehenen Geldstrafe zu ahnden.

Wer vorsätzlich Trinkbranntwein durch Verwendung von Branntweinschärfen derart herstellt, daß der Genuß die menschliche Gesundheit zu schädigen geeignet ist, oder wer wissentlich solchen gesundheitsschädlichen Trinkbranntwein als Genußmittel verkauft, feilhält oder sonst in Verkehr bringt, wird nach § 12 des Nahrungsmittelgesetzes mit Gefängnis bis zu fünf Jahren bestraft. Daneben kann auf Verlust der bürgerlichen Ehrenrechte erkannt werden. Wer diese Zuwiderhandlungen aus Fahrlässigkeit begeht, unterliegt der Bestrafung aus § 14 des Nahrungsmittelgesetzes.

Härtere Strafen würden eintreten, wenn der Genuß derart hergestellten Branntweins eine schwere Körperverletzung oder den Tod eines Menschen verursacht (§ 12 Abs. 3 u. §§ 13, 14 a. a. O.).

[2] Ob der Branntwein als „Kornbranntwein" bezeichnet wird, oder ob eine andere Bezeichnung gewählt wird, die denselben Sinn hat, beispielsweise „Korn", „Goldkorn", „Edelkorn" usw. ist nach der Absicht des Gesetzes gleichbedeutend.

§ 108.

Der Bundesrat wird ermächtigt:

1. den Kleinhandel mit vergälltem Branntwein abweichend von den Vorschriften des § 33 der Gewerbeordnung[1] zu regeln;

2. zu bestimmen, daß beim Kleinhandel mit vergälltem Branntweine die Alkoholstärke durch Aushang in der Verkaufsstelle ersichtlich gemacht wird[2 3 4 5].

BBrStG. § 43e.

[1] Wer Kleinhandel mit Branntwein d. h. mit Trinkbranntwein oder Spiritus betreiben will, bedarf dazu nach § 33 Abs. 1 der Gewerbeordnung für das Deutsche Reich der Erlaubnis, die in Preußen nach § 114 des Gesetzes über die Zuständigkeit der Verwaltungs- und Verwaltungsgerichtsbehörden vom 1. August 1883 (GS. S. 237) vom Kreis- oder Stadtausschuß, in den zu einem Landkreise gehörigen Städten mit mehr als 10000 Einwohnern vom Magistrat zu erteilen ist. Diese Vorschrift der Gewerbeordnung findet nach der Bestimmung des Bundesrats im § 15 Abs. 1 der Branntweinsteuer-Befreiungsordnung auf den Handel mit vollständig vergälltem Branntwein keine Anwendung. Wer mit vollständig vergälltem Branntwein handeln will, hat dies vor Eröffnung des Handels der Hebestelle und der Ortspolizeibehörde anzumelden. Die Hebestelle erteilt über die Anmeldung eine Bescheinigung, ohne die mit dem Handel nicht begonnen werden darf. Die Bescheinigung ist in der Verkaufsstelle aufzubewahren und den Steuer- oder Polizeibeamten auf Verlangen vorzuzeigen (BfrO. § 15 Abs. 1, 2, 7).

[2] In den Verkaufsräumen ist an einer in die Augen fallenden Stelle eine Bekanntmachung in deutlicher Druckschrift auszuhängen, nach der es verboten ist, vergällten Branntwein zu verkaufen oder feilzuhalten, in dem das Alkoholometer eine Stärke von weniger als 80 Gewichtsprozent anzeigt, aus vergälltem Branntweine das Vergällungsmittel auszuscheiden usw. (BfrO. § 15 Abs. 5).

[3] Zur Prüfung des vollständig vergällten Brannt-

weins auf die vorgeschriebene Mindeststärke dient ein kleines Thermo-Alkoholometer, das die Gewichtsprozente von 75 bis 85 mit Teilung nach Fünftelprozenten angibt (AO. § 2 Abs. 5).

4 Die Steuerbeamten und ebenso die Polizeibeamten sind befugt, die Gewerberäume, in denen vollständig vergällter Branntwein gelagert, verwendet oder verkauft wird, während des Betriebes oder der Offenhaltung des Geschäfts zu jeder Zeit, sonst von morgens 6 bis abends 9 Uhr zu betreten, die Vorräte zu prüfen und Proben zu entnehmen. Die Oberbeamten sind berechtigt, die Einkaufs-, Lager-, Betriebs- und Verkaufsbücher während der Geschäftsstunden einzusehen (BfrO. § 28).

5 Wenn Tatsachen vorliegen, welche die Unzuverlässigkeit des Gewerbetreibenden wahrscheinlich machen, kann das Hauptamt die Erteilung der Bescheinigung (A. 1) versagen oder die Fortsetzung des Handels mit vollständig vergälltem Branntwein untersagen (BfrO. § 15 Abs. 6).

§ 109.

1 Vollständig vergällter Branntwein darf im Kleinhandel nur in Behältnissen von 50, 20, 10, 5 und einem Liter Raumgehalte feilgehalten werden, die verschlossen und mit einer Angabe des Alkoholgehalts versehen sind[2 3].

1 Die Vorschrift ist zunächst im Interesse der Allgemeinheit getroffen. Sie will den Verbraucher von vollständig vergälltem Branntwein dagegen sichern, daß dieser Branntwein verdünnt und so in seiner Verwendbarkeit beeinträchtigt wird. Sodann soll die Vorschrift einen Schutz gegen mißbräuchliche Verwendung vollständig vergällten Branntweins bieten.

2 Die näheren Bestimmungen über Art und An-

bringung des Verschlusses an Behältnissen des zum Kleinhandel bestimmten vollständig vergällten Branntweins hat der Reichskanzler auf Grund des § 15 Abs. 3 der Branntweinsteuerbefreiungsordnung unter dem 18. März 1910 erlassen (RZBl. S. 91).

[3] Vgl. § 150.

§ 110.

Essigsäureverbrauchsabgabe.

Essigsäure, die im Inland aus Holzessig oder essigsauren Salzen[1] gewonnen ist, unterliegt einer in die Reichskasse fließenden Verbrauchsabgabe, die 0,30 Mark für das Kilogramm wasserfreier Säure beträgt. Die Verbrauchsabgabe ist durch Abfertigung[2] festzustellen[3] und vom Hersteller zu entrichten, sobald die Essigsäure die Erzeugungsstätte verläßt[4].

Der Hersteller darf Essigsäure nur an den dazu angemeldeten Stätten lagern, behandeln und verpacken[5].

Von der Verbrauchsabgabe befreit bleibt nach näherer Bestimmung des Bundesrats Essigsäure, die ausgeführt oder zu gewerblichen Zwecken verwendet wird[6]. Gewerbtreibende, die Essigsäure ausschließlich zu gewerblichen Zwecken oder für die Ausfuhr herstellen, sind nur insoweit einer amtlichen Überwachung zu unterwerfen, als diese notwendig ist, um sicherzustellen, daß Essigsäure nicht zu Genußzwecken verwendet wird.

Die §§ 7 Abs. 1, 8, 9[7], 18[8], 20, 22, 23, 94, 99 bis 104, 145, 148[9], 155 sind nach näherer Bestimmung des Bundesrats sinngemäß anzuwenden, und zwar die §§ 22, 145 mit der Maßgabe, daß die Übergangsabgabe und die Nachsteuer je 0,30 Mark für das Kilogramm wasserfreier Essigsäure betragen und daß Essigsäure in Mengen von nicht mehr als 10 Kilogramm wasserfreier Säure im Besitze von Gewerbtreibenden und Haushaltungsvorständen sowie Essigsäure zu gewerblichen Zwecken von der Nachsteuer befreit bleibt.

[1] Die Verbrauchsabgabe wird auch zu entrichten sein, wenn die essigsauren Salze (hauptsächlich essigsaurer Kalk) nicht aus Holzdestillaten, sondern aus Gärungsessig, insbesondere aus Branntweinessig gewonnen sein sollten; die Erhebung der Verbrauchsabgabe wird namentlich dann nicht zu umgehen sein, wenn essigsaurer Kalk verarbeitet wird, der im Auslande aus Branntweinessig hergestellt ist.

[2] Die Inhaber der Essigsäurefabriken haben einen geeigneten Abfertigungsraum zu stellen und für dessen Beleuchtung, Erwärmung und Reinigung zu sorgen (EO. § 19).

[3] Die steuerpflichtige Menge wasserfreier Essigsäure ist aus dem Reingewicht und der Stärke der Essigsäure zu berechnen. Die Stärke der Essigsäure, d. h. ihr Gehalt an wasserfreier Säure ist von den Abfertigungsbeamten nach einer besonderen Anleitung mit Hilfe von weingeistiger Phenolphthaleïnlösung und Doppelt-Normal-Natronlauge zu ermitteln (EO. §§ 3, 4 und Anleitung 2).

[4] Die Essigsäure wird durch die Abfertigung von den Vorräten der Erzeugungsstätte abgesondert; sie verläßt die Erzeugungsstätte mit der Abfertigung. Daher wird die Verbrauchsabgabe fällig sobald die Essigsäure in der Erzeugungsstätte zur Versteuerung abgefertigt worden ist. Sie ist binnen drei Tagen nach

Mitteilung des Abgabenbetrages zu entrichten, soweit sie nicht gestundet wird (EO. § 7).

[5] Vgl. EO. § 59.

[6] Steuerpflichtig ist alle Essigsäure, soweit sie nicht ausgeführt oder zu gewerblichen Zwecken verwendet wird. Steuerpflichtig ist mithin auch die Essigsäure, die zu wissenschaftlichen Zwecken, beispielsweise in wissenschaftlichen Lehranstalten gebraucht wird. Steuerfrei ist Essigsäure, die ausschließlich zu gewerblichen Zwecken geeignet ist. Ob dies zutrifft, wird nach der Anleitung in Anlage 1 zur Essigsäureordnung durch die Steuerbeamten, in Zweifelsfällen durch den Chemiker und gegebenenfalls durch die Kaiserliche Technische Prüfungsstelle festgestellt. Hat Essigsäure einen Gehalt an wasserfreier Essigsäure von mehr als 60 Gewichtsteilen vom Hundert, so ist sie stets als zu Genußzwecken geeignet anzusehen. Auch die zu Genußzwecken geeignete Essigsäure ist steuerfrei, wenn sie ausgeführt oder zu gewerblichen Zwecken verwendet wird. Ihre Ausfuhr unterliegt den im § 97 EO. vorgesehenen Überwachungsmaßnahmen. Ihre Verwendung zu gewerblichen Zwecken wird nach den §§ 82 bis 96 EO. überwacht.

Wer zu Genußzwecken geeignete Essigsäure zu gewerblichen Zwecken steuerfrei verwenden will, hat dies beim Hauptamte zu beantragen und gegebenenfalls ein Vergällungsmittel vorzuschlagen. Das Vergällungsmittel ist von einem auf das Steuerinteresse vereideten Chemiker zu untersuchen. Das Hauptamt prüft und bestimmt, ob eine Vergällung der Essigsäure stattzufinden hat oder ob die Verwendung unvergällter Essigsäure zu gestatten ist. In Zweifelsfällen entscheidet die Direktivbehörde.

Ist die Vergällung möglich und ohne Beeinträchtigung des Gewerbebetriebes ausführbar, so erteilt das Hauptamt dazu die Genehmigung. Das genehmigte Vergällungsmittel ist der technischen Prüfungstelle mitzuteilen. Die

Vergällung erfolgt in den Gewerberäumen des Antragstellers. Ist die Vergällung nicht möglich oder ohne Beeinträchtigung des Gewerbebetriebes nicht ausführbar, so erteilt das Hauptamt einen Ankaufserlaubnisschein, der bei jedem Ankauf dem Fabrikanten oder Händler zur Eintragung der gekauften Menge vorzulegen ist. Die unvergällte Essigsäure ist dann an dem angemeldeten Orte zu lagern. Über ihre Verwendung ist ein Kontrollbuch zu führen. Alljährlich mindestens einmal findet eine amtliche Bestandsaufnahme statt. Händler brauchen zum Ankaufe von Fabrikaten einen Ankaufserlaubnisschein, zum Verkauf an ankaufsberechtigte Gewerbetreibende einen Verkaufserlaubnisschein.

[7] § 7 Abs. 1. Stundung (EO. §§ 9, 10).

§ 8. Haftung der Essigsäure für die Verbrauchsabgabe (EO. § 12).

§ 9. Verjährung (EO. § 13).

[8] Die amtliche Überwachung (steuerliche Kontrolle) der Essigsäurefabriken gestaltet sich bei der Eigenart des Betriebes im wesentlichen, wie folgt: Über den Zu- und Abgang an essigsauren Salzen (essigsaurem Kalk) wird ein Lagerbuch geführt, in dem die zur Verarbeitung entnommenen Mengen tunlichst am Schlusse jedes Betriebstages abgeschrieben werden (§ 62). Die Mengen Essigsäure, welche die Fabrik verlassen, insbesondere auch die zur Versteuerung abgefertigten Mengen, werden in einem Ausgabebuch abgeschrieben (§ 63). Zu dieser Buchführung tritt die Bestandsaufnahme hinzu. In den Essigsäurefabriken, die zu Genußzwecken geeignete Essigsäure herstellen, ist beim Inkrafttreten des Gesetzes der Bestand an essigsaurem Kalk und Essigsäure festgestellt worden (EO. § 100). Sodann ist jährlich einmal an einem vom Hauptamte nach Anhörung des Fabrikinhabers zu bestimmenden Tage der in der Fabrik vorhandene Bestand an essigsaurem Kalk und an Essigsäure festzustellen (§§ 64 ff.). Dieser Istbestand an Essigsäure

zuzüglich der nach dem Essigsäureausgabebuch aus der Fabrik entnommenen Essigsäure, vermindert um den bei der letzten Bestandsaufnahme ermittelten Bestand an Essigsäure ergibt die seit der letzten Bestandsaufnahme in der Fabrik gewonnene Menge Essigsäure. Diese Menge Essigsäure wird verglichen mit der Menge Essigsäure, die sich aus den Abschreibungen an essigsaurem Kalk berechnet. Über Abweichungen entscheidet das Hauptamt.

[9] § 20. Gebühren (EO. §§ 20 bis 30).

§ 22. Übergangsabgabe (EO. § 14).

§ 23. Verwaltungskostenvergütung (EO. § 15).

§ 94. Betriebsanmeldung (EO. §§ 53 bis 56).

§§ 99 bis 104. Amtliche Aufsicht (EO. §§ 57 bis 61).

§§ 145, 148. Essigsäure-Nachsteuerordnung (BRB. v. 14. 10. 09, § 727 d. Prot. RZBl. S. 945, 1269). Essigsäure, die ausgeführt oder zu gewerblichen Zwecken verwendet wird, ebenso Essigsäure, die nachweislich nach den im § 106 des Gesetzes angegebenen Sätzen verzollt worden ist, bleibt frei von der Nachsteuer (§ 145, ENO. § 1 Abs. 3).

Auch die Essigsäure-Nachsteuer kann ohne Sicherheitsbestellung auf sechs Monate gestundet werden.

Siebenter Abschnitt.
Strafvorschriften [1].

A. Branntweinverbrauchsabgabe.

§ 111.
Hinterziehung.

Wer es unternimmt[2], dem Reiche die Branntweinverbrauchsabgabe[3] vorzuenthalten, macht sich der Hinterziehung schuldig.

BBrStG. § 17, Ges. v. 8. 7. 68 § 50.

[1] Nach § 2 Abs. 2 des Einführungsgesetzes zum Reichsstrafgesetzbuch vom 31. März 1870 bleiben in Kraft die besonderen Vorschriften des Reichs- und Landesstrafrechts über strafbare Verletzungen der Steuergesetze.

[2] Als Unternehmen im Sinne der Vorschrift gilt jede Handlung, welche den Entschluß betätigt, dem Reiche die Verbrauchsabgabe vorzuenthalten. Der Erfolg der Vorenthaltung, der Verlust für die Reichskasse, braucht nicht eingetreten zu sein. Das Unternehmen setzt begrifflich auch nicht voraus, daß zur Zeit der Tat ein abgabenpflichtiger Gegenstand vorhanden oder eine Verpflichtung zur Zahlung der Abgabe begründet war. (Entsch. d. RG. i. Str. vom 30. Dezember 1895 Bd. 28 S. 91.)

[3] Auf die Betriebsauflage (§§ 42ff.) sind die Vorschriften in den §§ 111 bis 140 entsprechend anzuwenden (§ 60); ebenso auf die Branntwein-Nachsteuer (§ 148) und die Essigsäure-Nachsteuer (§ 110 Abs. 4, § 148). Wer es unternimmt, die Betriebsauflage oder Nachsteuer vorzuenthalten, macht sich daher ebenfalls der Hinterziehung schuldig.

§ 112.

Der Tatbestand des § 111 wird insbesondere[1] dann als vorliegend angenommen:

1. wenn ohne die vorgeschriebene, von der Hebestelle genehmigte Betriebsanmeldung[2] oder an anderen Tagen, in anderen Räumen oder unter Benutzung von anderen Brennvorrichtungen als den in der genehmigten Betriebsanmeldung angegebenen, Branntwein hergestellt wird;
2. wenn für Abfindungsbrennereien (§§ 15 bis 17) vorgeschriebene Brennbücher[3] nicht oder unrichtig geführt werden;

3. wenn alkoholhaltige Dämpfe oder Branntwein unbefugt abgeleitet oder entnommen werden;
4. wenn über den unter amtlicher Überwachung[4] stehenden Branntwein unbefugt verfügt wird.

BBrStG. § 18, Ges. v. 8. 7. 68 § 50.

[1] Die Handlungen unter 1 bis 4 kommen häufiger vor als Betätigung des Entschlusses, die Verbrauchsabgaben vorzuenthalten; darum werden sie hier besonders hervorgehoben.

[2] Betriebsanmeldung vgl. A. 4 zu § 94.

[3] BO. §§ 256, 286.

[4] Unter amtlicher Überwachung heißt soviel als „unter steuerlicher Kontrolle" in dem bisher in Geltung gewesenen Branntweinsteuergesetze. Es ist also nicht erforderlich, daß der Branntwein unter Steuerverschluß steht oder von einem Beamten unmittelbar bewacht wird.

§ 113.

Der Hinterziehung wird es gleichgeachtet[1]:

1. wenn in einer abgefundenen Brennerei ohne die vorgeschriebene, von der Hebestelle genehmigte Betriebsanmeldung oder an anderen Tagen, in anderen Räumen oder unter Benutzung von anderen Geräten als den in der genehmigten Betriebsanmeldung angegebenen, oder unter Verwendung nicht angemeldeter Stoffe eine Einmaischung vorgenommen oder Maische zubereitet oder aufbewahrt wird;
2. wenn Brennvorrichtungen, die durch amtliche Sicherungen oder durch Anordnungen der Verwaltungsbehörde außer Gebrauch gesetzt

worden sind, unbefugt in Betrieb genommen werden;

3. wenn ein auf Grund der §§ 82 bis 88 oder der dazu erlassenen Verwaltungsbestimmungen angelegter amtlicher Verschluß oder einer derjenigen Teile der Brennereigeräte einschließlich der Branntweinsammelgefäße und der Meßuhr, aus denen alkoholhaltige Dämpfe oder Branntwein abgeleitet oder entnommen werden können, unbefugt verletzt wird;
4. wenn in einer Brennerei, in der eine Meßuhr aufgestellt ist, Handlungen vorgenommen werden, die ihre regelmäßige Tätigkeit zu stören geeignet sind, oder eine Meßuhr, die unrichtig zeigt, fortbenutzt wird;
5. wenn jemand Branntwein, von dem er weiß oder den Umständen nach annehmen muß, daß in Beziehung auf ihn eine Hinterziehung verübt worden ist, erwirbt oder in Verkehr bringt.

BBrStG. § 19.

[1] Die unbefugte Maischbereitung, die unbefugte Inbetriebsetzung von Brennvorrichtungen, die Verletzung von Verschlüssen oder Geräteteilen, aus denen Branntwein entnommen werden kann, die Störung einer amtlichen Meßuhr, der Erwerb von Branntwein, an dem eine Hinterziehung verübt ist (Nr. 1 bis 5), sind Handlungen, wie sie erfahrungsmäßig vorgenommen werden, um die Absicht einer Vorenthaltung der Verbrauchsabgabe zu betätigen. Diese Handlungen begründen daher in ähnlicher Weise wie die im § 112

unter 1 bis 4 bezeichneten Handlungen eine Vermutung für das Vorliegen einer Hinterziehung. Die Hinterziehung wird als erwiesen angenommen, es sei denn, daß die Beweiswürdigung zu der Feststellung führt, daß eine Vorenthaltung der Abgabe tatsächlich nicht stattgefunden hat oder nicht beabsichtigt worden ist (§ 114).

§ 114.

Wird in den Fällen des §§ 112, 113 festgestellt[1], daß eine Vorenthaltung der Abgabe nicht stattgefunden hat oder nicht beabsichtigt worden ist, so tritt nur eine Ordnungsstrafe nach § 130 ein.

VBrStG. § 20 Abs. 2.

[1] Die Feststellung erfolgt auch im Verwaltungsstrafverfahren ohne Anträge des Beschuldigten von Amts wegen. Die Verwaltungsbehörde berücksichtigt in gleicher Weise die belastenden wie die entlastenden Umstände; sie entscheidet in freier Beweiswürdigung.

§ 115.

Strafmaß.

Wer eine Hinterziehung begeht, wird mit einer Geldstrafe in Höhe des vierfachen Betrags der Abgabe, mindestens aber in Höhe von zehn Mark für jeden einzelnen Fall, bestraft[1]. Außerdem ist die Abgabe nachzuzahlen[2].

VBrStG. § 21 Abs. 1. Ges. v. 8. 7. 68 § 51.

[1] Wenn eine und dieselbe Zuwiderhandlung sich als Hinterziehung kennzeichnet und zugleich ein anderes Strafgesetz verletzt, so ist nach § 73 StGB. dasjenige Gesetz anzuwenden, welches die schwerste Strafe und bei ungleichen Strafarten dasjenige Gesetz, welches die

schwerste Strafart androht. Beispielsweise ist beim Zusammentreffen von Hinterziehung und Diebstahl nur die Strafe aus § 242 StGB. festzusetzen. (Entsch. d. RG. i. Str. vom 9./23. März 1891, Bd. 21 S. 407.)

[2] Unabhängig von dem Strafverfahren, mit dem die Nachzahlung der Abgabe nichts zu schaffen hat. Die Nachzahlung der Abgabe unterliegt daher auch nicht der Beurteilung des Strafrichters, wenn gerichtliche Entscheidung beantragt ist. Die Verwaltungsbehörde entscheidet darüber auch dann nach freiem Ermessen, wenn das gerichtliche Strafverfahren zur Freisprechung führt.

§ 116.

Die Strafe wird, wenn eine Brennvorrichtung unbefugt in Betrieb genommen worden ist, nach der Alkoholmenge berechnet, die bei unausgesetztem Betriebe während der dem Zeitpunkte der Entdeckung vorhergegangenen drei Monate damit gewonnen werden konnte, sofern nicht nachgewiesen wird, daß die Brennvorrichtung in einem größeren oder einem geringeren Umfange benutzt worden ist[1].

BBrStG. § 21 Abs. 2.

[1] Nach § 115 ist jede Hinterziehung als solche mit dem Vierfachen der vorenthaltenen Verbrauchsabgabe zu strafen. Das Ergebnis der Berechnung soll daher auch in den §§ 116, 117 nur die Grundlage für die festzusetzende Strafe bilden. Die Strafe beträgt auch hier das Vierfache der auf dem vorgeschriebenen Wege ermittelten Verbrauchsabgabe (Entsch. d. RG. i. Str. vom 2. Februar 1892 und 21. März 1901 Bd. 22 S. 318, Bd. 34 S. 226).

§ 117.

Sind alkoholhaltige Dämpfe oder Branntwein unbefugt abgeleitet oder entnommen[1] oder ist die Meßuhr absichtlich gestört worden, so werden die Verbrauchsabgabe und die Strafe in der Art berechnet, daß für die dem Zeitpunkte der Entdeckung[2] vorhergehenden drei Monate der ununterbrochene Bestand der Ableitung, Entnahme oder Störung angenommen wird, sofern nicht eine andere Dauer oder eine größere Hinterziehung nachgewiesen wird.

Neben der Geldstrafe ist gegen den Täter und den Teilnehmer zusätzlich auf eine Gefängnisstrafe bis zu einem Jahre zu erkennen.

BBrStG. § 21 Abs. 3.

[1] Die Fassung schließt sich dem § 87 an. Für die Auslegung ergibt sich daraus, daß die Ableitung oder Entnahme bei Herstellung des Branntweins innerhalb der Brennerei oder doch in einem der Herstellung unmittelbar folgenden Zeitraume stattgefunden haben muß (Entsch. d. RG. i. Str. vom 26. Februar 1892 Bd. 22 S. 388).

[2] Für die dem Tage der Entdeckung vorhergehenden drei Monate.

§ 118.

Soweit der Betrag der vorenthaltenen Abgabe nicht festgestellt werden kann, tritt eine Geldstrafe bis zu zwanzigtausend Mark ein[1 2].

BBrStG. § 21 Abs. 1.

[1] Die Geldstrafe wird im Einklange mit § 115 so zu bemessen sein, daß sie dem Fünffachen desjenigen Betrages gleichkommt, welcher nach Lage der Sache als Betrag der vorenthaltenen Abgabe anzunehmen ist.

[2] Vgl. § 139.

§ 119.

Liegt eine Übertretung vor, so werden die Beihilfe[1] und die Begünstigung[2] mit Geldstrafe bis zu hundertfünfzig Mark bestraft.

BBrStG. § 22.

[1] Nach § 49 Abs. 1 StGB. wird als Gehilfe bestraft, wer dem Täter zur Begehung des Verbrechens und Vergehens durch Rat oder Tat wissentlich Hilfe geleistet hat. Nach der Vorschrift im § 119 ist auch Beihilfe zur Übertretung, d. h. zu einer mit Haft oder Geldstrafe bis zu 150 M bedrohten Handlung, strafbar.

[2] Der Begünstigung im Sinne des § 257 StGB. macht sich schuldig, wer nach Begehung eines Verbrechens oder Vergehens dem Täter oder Teilnehmer wissentlich Beistand leistet, um ihn der Bestrafung zu entziehen oder um ihm die Vorteile des Verbrechens oder Vergehens zu sichern. In der vorliegenden Vorschrift wird auch die Begünstigung in Ansehung einer Übertretung unter Strafe gestellt. Die Begünstigung ist als Beihilfe zu bestrafen, wenn sie vor Begehung der Tat zugesagt worden ist (StGB. § 257 Abs. 3).

§ 120.

Strafverschärfung beim Rückfalle.

Im Falle der Wiederholung der Hinterziehung nach vorausgegangener Bestrafung[1] werden die in den §§ 115 bis 118 angedrohten Strafen verdoppelt.

Jeder fernere Rückfall[2] zieht Gefängnis bis zu zwei Jahren nach sich, doch kann, unbeschadet der Vorschrift des § 117, nach richterlichem Ermessen mit Berücksichtigung aller Umstände und der vorangegangenen Fälle auf Haft oder auf Geldstrafe nicht unter dem Doppelten der für den ersten Rückfall vorgesehenen Geldstrafe erkannt werden.

Die Rückfallstrafe tritt ein, auch wenn die frühere Strafe nur teilweise verbüßt oder ganz oder teilweise erlassen ist, sie bleibt dagegen ausgeschlossen, wenn seit der Verbüßung oder dem Erlasse der früheren Strafe[3] bis zur Begehung der neuen Straftat drei Jahre verflossen sind.

BBrStG. §§ 23, 24.

[1] D. h. nach rechtskräftiger Festsetzung der Strafe im Verwaltungswege, gleichviel, ob die Festsetzung durch Strafbescheid oder Genehmigung der freiwilligen Unterwerfung erfolgt ist, oder nach dem Eintreten der Rechtskraft einer gerichtlichen Verurteilung.

[2] Mindestens ein Rückfall muß vorausgegangen sein, der durch rechtskräftige Festsetzung der Strafe im Verwaltungswege oder rechtskräftige gerichtliche Verurteilung erledigt worden ist.

[3] Oder seit Verjährung der Strafvollstreckung.

§ 121.

Strafe der Erwirkung einer Vergünstigung.

Die Vorschriften über die Hinterziehung sind auf die Erwirkung einer Steuerbefreiung, Steuervergütung oder Steuervergünstigung sinngemäß anzuwenden, sofern die Befreiung, Vergütung oder Vergünstigung überhaupt nicht oder nur in geringerem Betrage zu beanspruchen war. Der zu Ungebühr empfangene Betrag ist zurückzuzahlen.

BBrStG. §§ 17, 21 Abs. 1.

§ 122.

Strafen für Brennereibesitzer und Brennereileiter[1].

Der Besitzer einer Brennerei, in der alkoholhaltige Dämpfe oder Branntwein unbefugt abgeleitet oder entnommen werden[2] oder die Meßuhr absichtlich gestört ist, wird als solcher[3] mit Geldstrafe von fünfzig bis zu fünfhundert Mark bestraft.

BBrStG. § 28 Abs. 1.

Zu §§ 122 bis 124.

[1] Die in den §§ 122 bis 124 bezeichneten Zuwiderhandlungen sind für die Reichseinnahmen besonders gefährlich und oft schwer zu entdecken. Bei den gegen den Brennereibesitzer selbst angedrohten Strafen ist angenommen, daß die Ableitung oder Entnahme von Branntwein, die wissentliche Störung der Meßuhr (§ 122), die Anbringung von Vorrichtungen (§ 123) ohne Vorwissen des Brennereibesitzers kaum ausgeführt werden kann. Ein Schutz ist dem Brennereibesitzer dadurch geboten, daß ihm mit Genehmigung der Verwaltungsbehörde gestattet ist, seine strafrechtliche Verantwortlichkeit auf einen von ihm bestellten Betriebsleiter zu übertragen (§ 125). (Vgl. Begründung zu dem Gesetze vom 24. Juni 1887, RB. I 1887, zweiter AnlBd. Nr. 90 S. 791 zu §§ 15 bis 33 des Entwurfs.)

[2] § 82.

[3] Die Geldstrafe soll gegen den Brennereibesitzer oder

Betriebsleiter als solchen verhängt werden, d. h. sie soll stets unabhängig von der den eigentlichen Täter treffenden Strafe festgesetzt werden. Hat der Brennereibesitzer oder Betriebsleiter selbst die Ableitung usw. begangen, kommt er also als Täter in Betracht, so hat er daher außer der Hinterziehungsstrafe noch die Geldstrafe aus den §§ 122 bis 124 verwirkt. (Entsch. d. RG. i. Str. vom 23. Februar / 2. März 1891 Bd. 21 S. 391.)

§ 123.

Werden in einer Brennerei aus besonderen Anlagen bestehende heimliche Vorrichtungen getroffen, um alkoholhaltige Dämpfe oder Branntwein abzuleiten oder zu entnehmen oder die Meßuhr zu stören, so verfällt der Brennereibesitzer als solcher in eine Geldstrafe von fünfhundert bis zu fünftausend Mark.

BBrStG. § 28 Abs. 2.

§ 124

Wird in einer Brennerei ein amtlicher Verschluß oder einer derjenigen Teile der Brennereigeräte (§ 113 Nr. 3), aus denen alkoholhaltige Dämpfe oder Branntwein abgeleitet oder entnommen[2] werden können, unbefugt verletzt, so trifft den Brennereibesitzer als solchen[3] eine Geldstrafe von fünfundzwanzig bis zu zweihundertfünfzig Mark.

BBrStG. § 28 Abs. 3.

§ 125.

Brennereibesitzer, die den Betrieb nicht selbst leiten, können die Übertragung der ihnen gemäß §§ 122 bis 124 obliegenden strafrechtlichen Verantwortlichkeit auf den Betriebsleiter (§ 104) bei der Verwaltungsbehörde beantragen. Falls der Antrag genehmigt[1] wird, geht die strafrechtliche Verantwortlichkeit, unbeschadet der im § 131 vorgesehenen Vertretungsverbindlichkeit des Brennereibesitzers[2], auf den Betriebsleiter über. Die Genehmigung ist jederzeit widerruflich.

BBrStG. § 29 Abs. 1.

[1] Die Genehmigung ist vom Hauptamt auszusprechen und dem Brennereibesitzer und Betriebsleiter gegen Zustellungsurkunde mitzuteilen (GB. § 33). Sie wird nicht zu versagen sein, wenn gegen die Person des Betriebsleiters keine begründeten Bedenken vorliegen (Begründung zu dem Gesetze vom 24. Juni 1887, RB. I 1887, zweiter AnlBd. Nr. 90 S. 791, zu §§ 15 bis 33 des Entwurfs).

[2] Der Brennereibesitzer haftet aus § 131 auch für den Betriebsleiter. Die im § 131 vorgesehene Vertretungsverbindlichkeit für andere Personen kann er nicht auf den Betriebsleiter übertragen.

§ 126.

Die Strafe in den Fällen der §§ 122 bis 124 tritt nur dann ein, wenn festgestellt ist, daß die Zuwiderhandlung mit Willen oder Wissen[1] des Brennereibesitzers, in den Fällen des § 125 nur dann, wenn festgestellt ist, daß die Zuwiderhandlung mit Willen oder Wissen des Betriebsleiters verübt worden ist.

BBrStG. § 28 Abs. 4, § 29 Abs. 2.

[1] Die Strafe ist festzusetzen, wenn der Brennereibesitzer oder der verantwortliche Betriebsleiter nach dem Ergebnis der Beweisaufnahme auch nur darum gewußt hat, daß die Zuwiderhandlung begangen werden sollte.

§ 127.

Werden Brennereibesitzer wegen einer Hinterziehung verurteilt, die durch unangemeldete Branntweinbereitung[1], durch unbefugte Ableitung oder Entnahme von alkoholhaltigen Dämpfen oder Branntwein (§ 112 Nr. 1, 3) oder durch absichtliche Störung der Meßuhr begangen ist, so kann ihnen nach Rechtskraft der Entscheidung von der obersten Landesfinanzbehörde untersagt werden, das Brennereigewerbe jemals selbst wieder auszuüben oder durch andere zu ihrem Vorteil ausüben zu lassen.

BBrStG. § 30.

[1] Durch unangemeldete Branntweinbereitung nicht allein in Verschlußbrennereien, sondern auch in Abfindungsbrennereien (§ 112 Nr. 1 und A. 4 zu § 94).

§ 128.

Strafe der unterlassenen Anmeldung der Brenn- oder Wiengeräte.

Wer Brenn- oder Wiengeräte anfertigt, erwirbt[1] oder an andere Personen überläßt[2], ohne der Verwaltungsbehörde[3] die vorgeschriebene Anzeige gemacht zu haben, wird mit einer Geldstrafe von zehn bis zu dreitausend Mark bestraft.

Ges. v. 8. 7. 68 §§ 59, 60.

[1] § 73.
[2] § 78.
[3] Der Hebestelle (GV. §§ 62, 63).

§ 129.

Strafe der Zuwiderhandlungen gegen die Bestimmungen über den Branntweinhandel.

Wer den Vorschriften des § 107 oder den vom Bundesrate dazu erlassenen Bestimmungen zuwiderhandelt, wird von der zuständigen Polizeibehörde mit einer Geldstrafe von zehn bis zu zehntausend Mark bestraft.

[1] Die Ausführung des § 107 gehört zu den Aufgaben der Nahrungsmittelpolizei. Die Festsetzung der Ordnungsstrafen mußte daher der Polizeibehörde überlassen werden.

§ 130.

Ordnungsstrafen.

Zuwiderhandlungen[1] gegen die Vorschriften dieses Gesetzes sowie die dazu erlassenen und öffentlich oder den Beteiligten bekannt gemachten Verwaltungsbestimmungen[2] werden, sofern sie nicht nach §§ 115 ff. mit einer besonderen Strafe bedroht sind, mit einer Ordnungsstrafe von einer bis zu dreihundert Mark geahndet.

BBrStG. §§ 26, 42 V,
Ges. v. 8. 7. 1868 §§ 57 bis 65, 67.

[1] Die Zuwiderhandlungen können auf einem strafwürdigen Entschlusse oder auf einer strafwürdigen Fahrlässigkeit und Unachtsamkeit beruhen.

[2] Die Vorschrift reicht bei ihrer allgemeinen Fassung über die Grenzen der „Branntweinverbrauchsabgabe" hinaus; nach ihr sind auch Zuwiderhandlungen zu bestrafen, die mit der Branntweinverbrauchsabgabe als solcher in keinem unmittelbaren Zusammenhange stehen (A. 3 zu § 143).

§ 131.

Haftung für andere Personen.

Inhaber der nach Maßgabe dieses Gesetzes unter amtlicher Überwachung stehenden Betriebe und Lagereinrichtungen (§§ 18 bis 20) haften[1] für die von ihren Verwaltern, Geschäftsführern, Gehilfen und sonstigen in ihrem Dienste oder Lohne stehenden Personen sowie von ihren Familien- oder Haushaltungsmitgliedern verwirkten Geldstrafen und Kosten des Strafverfahrens, sowie für die nachzuzahlende Verbrauchsabgabe im Falle des Unvermögens der eigentlich Schuldigen, wenn nachgewiesen wird:

1. daß die Zuwiderhandlung mit ihrem Willen oder Wissen verübt ist, oder
2. daß sie bei Auswahl und Anstellung der Verwalter, Geschäftsführer, Gehilfen und sonstigen in ihrem Dienste oder Lohne stehenden Personen oder bei Beaufsichtigung dieser sowie der bezeichneten Hausgenossen nicht mit der Sorgfalt eines ordentlichen Geschäftsmanns zu Werke gegangen sind[2 3].

Wird weder das eine noch das andere nachgewiesen,

so haften sie für die Verbrauchsabgabe[4], auch soweit sie nicht ohnehin zu deren Entrichtung verpflichtet sind.

VBrStG. § 32, Ges. v. 8. 7. 68 § 66.

[1] Grund der Haftung ist nach § 131 Nr. 1 und 2, § 132 eine Mitschuld, ein Mitwollen, Mitwissen, eine Fahrlässigkeit des Vertretungspflichtigen; Zweck der Haftung ist Schärfung der Verantwortlichkeit bei dem Vertretungspflichtigen und Sicherung der öffentlichen Einnahmen.

[2] Durch Mittäterschaft des Vertretungspflichtigen wird seine Haftbarkeit nicht beseitigt. Der Vertretungspflichtige haftet für seinen Gewerbegehilfen beispielsweise auch dann, wenn er als Anstifter dieses Gewerbegehilfen bestraft worden ist. (Entsch. d. RG. i. Str. vom 6. November 1880 und $\frac{\text{23. Februar}}{\text{2. März}}$ 1891, Bd. 3 S. 105, Bd. 21 S. 391.)

[3] Der Vertretungspflichtige ist als Beteiligter zum Strafverfahren hinzuzuziehen, soweit er für die Geldstrafe und Kosten haftet; er ist mit seinen Einwendungen zu hören, gleichviel, ob sie aus der objektiven Beschaffenheit der Straftat oder aus der Person des Täters hergeleitet werden (Entsch. d. RG. i. Str. vom 23. Februar 1894, Bd. 25 S. 137). Ist seine Zuziehung unterblieben, so ist sie in einem Nachtragsverfahren nachzuholen.

[4] Die Haftung des Vertretungspflichtigen für die Verbrauchsabgabe wird außerhalb des Strafverfahrens verfolgt.

§ 132.

Als Verletzung der Sorgfalt eines ordentlichen Geschäftsmanns (§ 131 Nr. 2) gilt insbesondere die

Anstellung oder Beibehaltung eines wegen Branntweinsteuerdefraudation im Sinne des bisher geltenden Branntweinsteuergesetzes oder wegen Hinterziehung bereits bestraften Verwalters, Geschäftsführers oder Gewerbegehilfen, falls nicht die oberste Landesfinanzbehörde die Anstellung oder Beibehaltung genehmigt hat.

Ges. v. 8. 7. 68 § 66 I, Abs. 2.

§ 133.

Läßt sich die Geldstrafe von dem Schuldigen nicht beitreiben, so kann die Verwaltungsbehörde davon absehen, den für die Geldstrafe Haftenden in Anspruch zu nehmen, und die an die Stelle der Geldstrafe tretende Freiheitsstrafe an dem Schuldigen vollstrecken lassen.

Ges. v. 8. 7. 68 § 66, IV.

§ 134.

Zwangsmaßregeln[1].

Neben der Festsetzung von Ordnungsstrafen kann die Verwaltungsbehörde[2] die Beobachtung der auf Grund dieses Gesetzes getroffenen Anordnungen durch Androhung und Einziehung von Geldstrafen bis zu fünfhundert Mark erzwingen[3], auch, wenn eine vorgeschriebene Einrichtung nicht getroffen wird, diese auf Kosten der Pflichtigen herstellen lassen. Die Einziehung der hierdurch erwachsenen Auslagen und der Geldstrafen erfolgt nach den

Vorschriften über das Verfahren für die Beitreibung der Zölle und mit dem Vorzugsrechte der letzteren.

BVrStG. § 31.

[1] Der § 134 kennzeichnet sich als eine Vorschrift, die eigentlich nicht zum Strafrecht gehört.

[2] Das Hauptamt (GV. § 68).

[3] Gegen die Festsetzung der Erzwingungsstrafe findet Beschwerde an die Direktivbehörde statt. Antrag auf gerichtliche Entscheidung ist nicht zulässig.

§ 135.

Umwandelung der Geldstrafe in Freiheitsstrafe.

Bei der Umwandelung der nicht beizutreibenden Geldstrafen in Freiheitsstrafen[1 2 3] darf die Freiheitsstrafe bei einer Hinterziehung im ersten Falle sechs Monate, im ersten Rückfall ein Jahr und im ferneren Rückfalle zwei Jahre, bei einer mit Ordnungsstrafe bedrohten Zuwiderhandlung sowie in den Fällen des § 134[4] drei Monate nicht überschreiten. Im Falle des § 118 bleibt ein Fünftel der Geldstrafe bei der Umwandelung außer Betracht[5].

BVrStG. § 34. Ges. v. 8. 7. 68 § 68.

[1] Die Verwaltungsbehörde kann auch den Vertretungspflichtigen in Anspruch nehmen (§ 131). Verzichtet sie darauf (§ 100), so führt sie die Umwandlung der Geldstrafe in eine Freiheitsstrafe durch das zuständige Gericht herbei (StPO. § 463).

[2] Voraussetzung ist ein vollstreckbarer Strafbescheid.

[3] Die Umwandlung erfolgt gemäß §§ 28, 29 des

Reichsstrafgesetzbuchs unter Berücksichtigung der vorgeschriebenen Höchstgrenzen.

[4] Ein besonderes Verfahren für die Fälle des § 134 ist nicht vorgeschrieben.

[5] Vgl. § 139.

§ 136.

Strafverjährung.

Die Strafverfolgung[1] von Hinterziehungen verjährt[2] in drei Jahren[3], von den mit Ordnungsstrafe belegten Zuwiderhandlungen in einem Jahre[4].

Die Strafverfolgung auf Grund der Vorschriften der §§ 122 bis 126[5] verjährt zugleich mit dem Eintritte der Verjährung gegen den eigentlichen Täter[6].

BBrStG. § 35, Ges. v. 8. 7. 68 § 68.

[1] Die Verjährung der Strafvollstreckung wird durch die Vorschrift im § 136 nicht berührt; für sie sind die §§ 66, 70, 71 StGB. maßgebend.

[2] Die Frist für die Verjährung der Strafverfolgung beginnt mit dem Tage der Begehung der strafbaren Handlung (§ 67 Abs. 4 StGB.), bei fortgesetzten Zuwiderhandlungen mit dem Tage, an dem die letzte Handlung begangen ist.

[3] Vgl. § 7 des Einführungsgesetzes zum Reichsstrafgesetzbuche.

[4] Die Verjährung der Strafverfolgung wird unterbrochen:

a) durch jede Handlung des Richters, die, gegebenenfalls auf Ersuchen der Verwaltungsbehörde, wegen der begangenen Tat gegen den Täter gerichtet ist (§ 68 Abs. 1 StGB.). Nach der Unterbrechung, das heißt mit dem Tage, an dem die unterbrechende Handlung zum Abschlusse kommt, beginnt eine neue Verjährung (§ 68 Abs. 3 StGB. und Entsch. d. RG. i. Str. vom 25. Mai 1883 und 19. Oktober 1885, Bd. 8 S. 310 und Bd. 13 S. 57),

b) durch Strafbescheid der Verwaltungsbehörde, der in Ansehung der Unterbrechung der Verjährung wie eine richterliche Handlung wirkt (§ 459 Abs. 3 StPO.). Die neue Verjährung beginnt mit dem Tage, an dem der Strafbescheid erlassen ist, also mit dem Datum des Strafbescheides. Zeit und Art der Zustellung des Strafbescheides sind für die Unterbrechung der Verjährung bedeutungslos (Entsch. des Strafsenats des Kammergerichts vom 29. März 1894, PrZBl. 1894 S. 375).

[5] Die Strafverfolgung in Ansehung des Brennereibesitzers oder des Betriebsleiters, der die strafrechtliche Verantwortlichkeit übernommen hat.

[6] Ist die Strafverfolgung und Strafvollstreckung gegen die Täter und Teilnehmer verjährt, so können auch die Vertretungsbeteiligten (§§ 131 bis 133) nicht mehr in Anspruch genommen werden.

§ 137.

Die Geldstrafen fallen dem Staate zu, von dessen Behörden die Strafentscheidung erlassen worden ist[1 2].

BBrStG. § 37.

[1] Vgl. Art. 10 des Zollkartells zwischen Preußen, Kurhessen usw. vom 11. Mai 1833 (GS. S. 258), Art. 10 Nr. 4 des Zollvereinigungsvertrages vom 8. Juli 1867 (BGBl. S. 81) und Art. 40 der Reichsverfassung.

[2] Vgl. § 139.

§ 138.
Strafverfahren.

In Ansehung des Verwaltungsstrafverfahrens, der Strafmilderung und des Erlasses der Strafe im Gnadenwege sowie in Ansehung der Strafvollstreckung kommen, abgesehen von den Fällen des § 129[1], die Vorschriften zur Anwendung, nach denen sich das Verfahren wegen Zuwiderhandlungen gegen die Zollgesetze bestimmt[2].

BVrStG. § 36, Ges. v. 8. 7. 68 § 68.

[1] Hier gelten die Vorschriften, die das Strafverfahren der Polizeibehörde regeln.

[2] Die reichsrechtliche Grundlage des Verwaltungsstrafverfahrens bildet der Zollvereinigungsvertrag vom 8. Juli 1867 (BGBl. S. 81), dessen Bestimmungen nach Artikel 40 der Reichsverfassung in Kraft geblieben sind, soweit sie nicht inzwischen auf dem durch die Verfassung geordneten Wege geändert wurden. Im Artikel 3 § 7 des Zollvereinigungsvertrages haben sich die vertragschließenden Teile verpflichtet, die Grundsätze, „das Zollstrafgesetz betreffend", wie solche zwischen ihnen vereinbart, zur Anwendung zu bringen. Unter diesen, in dem Protokoll vom 24. August 1836 niedergelegten Grundsätzen (Verhandlungen der ersten General-Konferenz in Zollvereins-Angelegenheiten, München 1836, besonderes Protokoll) befinden sich auch solche „in Beziehung auf das Strafverfahren in Zollstrafsachen". Die vorläufige Feststellung des Tatbestandes sowie die Verfügung der Maßregeln, die erforderlich sind, damit demnächst die Strafe vollzogen werden könne, sind danach Sache der Zollbehörde. Die Protokolle der Zollbehörde haben öffentlichen Glauben. Das Verfahren wird überall von Amts wegen, summarisch und im Untersuchungswege ge-

leitet. Die Beschuldigten erhalten die Befugnis, sich ohne gerichtliches Verfahren dem Ausspruch der Zollbehörden zu unterwerfen usw.

Abgesehen von diesen Grundsätzen und einigen reichsgesetzlichen Vorschriften — Vereinszollkartell vom 11. Mai 1833 (GS. S. 258), Reichsstrafprozeßordnung § 459, Reichsgesetz über den Beistand bei Einziehung von Abgaben usw. vom 9. Juni 1895 (RGBl. S. 256) — ist es hinsichtlich des Strafverfahrens bei den Vorschriften der Landesgesetzgebung geblieben (VZG. § 165, Einführungsgesetz zur Strafprozeßordnung § 6 Abs. 2 Nr. 3)*.

In den einzelnen Bundesstaaten ist das Verwaltungsstrafverfahren durch besondere Gesetze geregelt,

in Preußen durch das Gesetz, betreffend das Verwaltungsstrafverfahren bei Zuwiderhandlungen gegen die Zollgesetze und die sonstigen Vorschriften über indirekte Reichs- und Landesabgaben sowie die Bestimmungen über die Schlacht- und Wildpretsteuer vom 26. Juli 1897 (GS. S. 237),

in Bayern durch Artikel 85 bis 97 des Gesetzes zur Ausführung der Reichs-Strafprozeßordnung vom 18. August 1879 (BayGVBl. S. 781), die Königliche Verordnung, das Verfahren in Zollstrafsachen betreffend, vom 1. Oktober 1879 (BayGVBl. S. 1379) und die mit Bekanntmachung des Staatsministeriums der Justiz und Finanzen vom 2. Oktober 1879 zur allgemeinen Kenntnis gebrachte Anweisung zur Behandlung der Zoll- und Aufschlag-Strafsachen im Verwaltungswege (BayGVBl. S. 1381),

in Württemberg durch Gesetz, betreffend das

* Bonnenberg, Das Strafverfahren in Zoll- und Steuersachen, 2. Auflage, Berlin 1899, Einleitung S. 1ff. und S. 414ff.

Verfahren der Verwaltungsbehörden bei Zuwiderhandlungen gegen die Zoll- und Steuergesetze, vom 25. August 1879 (Regierungsblatt für das Königreich Württemberg S. 259) und die Anweisung des Steuerkollegiums zur Vollziehung dieses Gesetzes vom 23. Januar 1895 mit der Abänderung vom 22. März 1901 (Amtsblatt des Königlich Württembergischen Steuerkollegiums 1895 S. 199, 1901 S. 25),

in Sachsen durch das Gesetz, das Verfahren in Verwaltungsstrafsachen betreffend, vom 8. März 1879 (Sächsisches Gesetz- und Verordnungsblatt S. 87) und die Generalverordnung der Zoll- und Steuerdirektion, das Verfahren in Verwaltungsstrafsachen betreffend, v. 3. März 1880 (Verordnungsblatt der Zoll- und Steuerdirektion S. 95),

in Baden durch die §§ 136 bis 140 des Gesetzes, die Einführung der Reichs-Justizgesetze betreffend, vom 3. März 1879 (BadGVBl. S. 91), die Verordnung des Ministeriums der Finanzen, das Finanz- und Polizeistrafverfahren der Finanzbehörden betreffend, vom 25. Oktober 1879 (BadGVBl. S. 789) und die Vollzugsanweisung der Zolldirektion und der Steuerdirektion vom 8. Dezember 1879 und die Ergänzung dazu vom 21. Mai 1886 (Verordnungsblatt der Zolldirektion von 1879 S. 323, 335, von 1896 S. 50) usw.*

§ 139.

Im Falle des § 118 ist von dem Betrage der Geldstrafe der fünfte Teil an Stelle des nicht festgestellten Abgabenbetrags an die Reichskasse abzuführen[1].

[1] Vgl. §§ 1, 115, 135, 137 und A. 1 zu § 118.

* Vgl. Löbe, Das deutsche Zollstrafrecht, 3. Aufl. Leipzig 1901 S. 206.

§ 140.

Ein im Strafverfahren eingegangener Geldbetrag ist zunächst auf die Verbrauchsabgabe und sodann auf die Betriebsauflage zu verrechnen[1].

[1] Die Vorschrift entspricht der Absicht des Gesetzes, zunächst der Reichskasse Einnahmen zuzuführen.

B. Essigsäureverbrauchsabgabe.

§ 141.

Wer es unternimmt, dem Reiche die Essigsäureverbrauchsabgabe (§ 110 Abs. 1) vorzuenthalten, macht sich der Hinterziehung schuldig[1].

[1] Vgl. § 111.

§ 142.

Der Hinterziehung wird es gleichgeachtet, wenn jemand Essigsäure, von der er weiß oder den Umständen nach annehmen muß, daß in Beziehung auf sie eine Hinterziehung verübt worden ist, erwirbt oder in Verkehr bringt[1].

[1] Vgl. § 113 Nr. 5.

§ 143.

Wird in den Fällen des § 142 festgestellt, daß eine Vorenthaltung der Abgabe nicht stattgefunden hat oder nicht beabsichtigt worden ist, so tritt nur eine Ordnungsstrafe nach § 130 ein[1].

Im übrigen finden die Vorschriften in den §§ 115, 118 bis 121, 131, 133 bis 140 Anwendung[2,3].

[1] Vgl. § 114.

[2] §§ 115, 118, 119 Strafmaß; § 120 Strafverschärfung im Rückfalle; § 121 Strafe der Erwirkung einer Vergünstigung; §§ 131, 133 Haftung für andere Personen; § 134 Zwangsmaßregeln; § 135 Umwandlung der Geldstrafe in Freiheitsstrafe; § 136 Verjährung der Strafverfolgung; § 138 Strafverfahren; §§ 137, 139, 140 Verrechnung der Strafgelder.

[3] Daß Zuwiderhandlungen gegen § 110, die sich nicht als Hinterziehungen kennzeichnen, allgemein nach § 130 als Ordnungswidrigkeiten zu bestrafen sind, erscheint nicht zweifelhaft. Der § 130 bedroht „Zuwiderhandlungen gegen die Vorschriften dieses Gesetzes sowie die dazu erlassenen und öffentlich oder dem Beteiligten bekannt gemachten Verwaltungsbestimmungen", soweit sie nicht nach den §§ 115 ff. einer besonderen Strafe unterliegen, mit einer Ordnungsstrafe. Er wird im § 143 Abs. 1 als maßgebende Vorschrift für die Festsetzung von Ordnungsstrafen gewürdigt und anerkannt. Im § 143 Abs. 2 sind die §§ 115, 118 bis 121 als besondere Strafvorschriften angegeben, namentlich ist durch Anführung des § 119 die Beihilfe und Begünstigung auch in Ansehung der Übertretungen des § 110 unter Strafe gestellt. Das Gesetz hat somit im § 143 klar zum Ausdrucke gebracht, daß es den § 130 wegen seiner allgemeinen Fassung als durchgreifende und maßgebende Vorschrift behandelt wissen will und aus diesem Grunde seine Aufnahme in den zweiten Absatz des § 143 für entbehrlich erachtet hat.

Achter Abschnitt.

Übergangsvorschriften.

§ 144.

Nachsteuer[1].

Branntwein, der sich am 1. Oktober 1909 unter Steuerkontrolle[2] befindet, unterliegt, soweit er nicht auf Grund des § 3 abgabenfrei gelassen wird, außer den nach dem bisher geltenden Branntweinsteuergesetz auf ihm ruhenden Abgaben einer Nachsteuer von 0,35 Mark für das Liter Alkohol. Die Nachsteuer ist zu entrichten, sobald der Branntwein in den freien Verkehr tritt[3].

Hat abgabenfrei abgelassener Branntwein der Maischbottichsteuer unterlegen[4], so wird diese mit 0,16 Mark für das Liter Alkohol vergütet[5].

[1] Branntwein-Nachsteuerordnung (BNO. v. 14. 10 09, § 726 d. Prot. RZBl. S. 945, 1255).

[2] Der „Begriff der Steuerkontrolle" ist aus dem bisher in Geltung gewesenen Branntweinsteuergesetz übernommen, weil es sich um Branntwein handelt, der mit den Abgaben aus dem alten Gesetze belastet und daher noch nach den Vorschriften dieses Gesetzes zu beurteilen ist.

[3] Vgl. § 5.

[4] Nach Ausweis der amtlichen Abfertigungspapiere und Bücher. Die Nämlichkeit des der Nachsteuer unterliegenden Branntweins wird in Reinigungsanstalten oder auf Branntweinlagern unter amtlichem Mitverschlusse nicht festgehalten. Fehlmengen werden zu dem vom Besitzer der Reinigungsanstalt oder des Brannt-

weinlagers beantragten Abgabensatze im Reinigungsbuch oder Lagerbuch abgeschrieben.

[5] Daneben wird in den Fällen, in denen es nach diesem Gesetze zugelassen ist, die Vergütung der Betriebsauflage gewährt. Dies konnte zugestanden werden, weil der mit dem Nachsteuersatze von 35 M. gegenüber der Erhöhung der Verbrauchsabgabe um 55 M zugebilligte Vorteil von 20 M wesentlich über den Vorteil der Maischbottichsteuervergütung von 16 M hinausgeht, mithin für den Gewerbetreibenden die Versteuerung des nachsteuerpflichtigen Branntweins vorteilhafter ist als die Vergällung.

§ 145.

Branntweine aller Art[1] und Branntweinfabrikate[2] [3] unterliegen, sofern sie sich beim Inkrafttreten dieses Gesetzes im freien Verkehre befinden und nicht nachweislich[4] zu den im § 106 angegebenen Sätzen verzollt worden sind, nach näherer Bestimmung des Bundesrats[5] einer Nachsteuer von 0,35 Mark für das Liter Alkohol.

BBrStG. § 46 Abs. 1 u. Abs. 2 Nr. 3.

[1] Branntwein in Fruchtsäften oder ähnlichen Zubereitungen, wenn der Alkoholzusatz über das zur Haltbarmachung notwendige Maß hinausgeht, was bei Fruchtsäften mit einem Alkoholgehalte von mehr als 14 Gewichtshundertteilen anzunehmen ist (BrMO. § 1 Abs. 4).

[2] Der Begriff der „Branntweinfabrikate" mußte hier aus dem bisher in Geltung gewesenen Branntweinsteuergesetz übernommen werden, weil diese Übergangsvorschrift sich eng an die Rechtslage unter diesem Gesetz anlehnt.

[3] Trinkbranntwein und Branntweinfabrikate aus dem freien Verkehr, die vor dem 1. Oktober 1909 zur Ausfuhr abgefertigt, aber erst nach dem 30. September 1909 tatsächlich in das Ausland ausgeführt worden sind, unterliegen der Nachsteuer, soweit sie nicht nach § 2 unter b und e der Branntwein-Nachsteuer-Ordnung davon befreit sind. Auch für die Gewährung der Vergütungen ist der Tag der Ausfuhr maßgebend. Vergütet werden daher die Betriebsauflage und die Verbrauchsabgabe nach dem Satze von 1,25 M.

[4] Der Nachweis ist durch Vorlegung der Zollquittungen, erforderlichenfalls auch der Handelsbücher, des Briefwechsels oder durch Beibringung anderer Beweismittel zu führen (BrNO. § 3).

[5] BrNO. §§ 5 bis 8, 10 bis 12.

§ 146.

Von der Nachsteuer befreit ist Branntwein des freien Verkehrs im Besitze von Gewerbtreibenden, die die Erlaubnis zum Ausschänken von Branntwein oder zum Kleinhandel mit Trinkbranntwein haben[1], in Mengen von nicht mehr als 20 Liter, im Besitze von anderen Haushaltungsvorständen in Mengen von nicht mehr als 10 Liter Alkohol.

BBrStG. § 46 Abs. 2 Nr. 2.

[1] Reichsgewerbeordnung § 33.

§ 147.

Von der Nachsteuer befreit ist aller Branntwein, der auf Grund der bisher geltenden Vorschriften[1] von der Verbrauchsabgabe befreit war.

BBrStG. § 46 Abs. 2 Nr. 1.

[1] BBrStG. § 1 Abs. 5, 6 und § 12 sowie die Bestimmungen der bis zum 1. Oktober 1909 in Geltung gewesenen Branntwein-Befreiungsordnung.

§ 148.

Die Nachsteuer kann ohne Sicherheitsbestellung auf sechs Monate gestundet werden[1]. Die Vorschriften in den §§ 8[2], 9[3], 23[4] und im siebenten Abschnitt unter A[5] sind auf die Nachsteuer sinngemäß anzuwenden.

BBrStG. § 46, Schlußabsatz.

[1] Erleichterung der Stundungsbedingungen für die Nachsteuer gegenüber der Vorschrift im § 7 Abs. 1.

[2] § 8. Haftung des nachsteuerpflichtigen Branntweins für die Nachsteuer.

[3] § 9. Verjährung der Nachsteuer.

[4] § 23. Verwaltungskostenvergütung.

[5] Strafvorschriften. Eine Hinterziehung der Nachsteuer liegt insonderheit dann vor, wenn die Menge des Branntweins oder der Branntweinfabrikate absichtlich zu gering angegeben ist (BrNO. § 12 Abs. 2).

§ 149.

Kürzung der Einzelkontingente.

Die im Betriebsjahre 1907/08 festgesetzten Kontingente[1] werden, wenn sie über 100 000 Liter hinausgehen, unbeschadet der Vorschriften im § 25[2], vom 1. Oktober 1913 ab um ein Zwanzigstel, jedoch nicht unter den Betrag von 100 000 Liter herabgesetzt[3]. Bei landwirtschaftlichen Genossenschaftsbrennereien, die als solche bereits am 1. April 1895 bestanden haben, beträgt die Kürzung nur ein Vierzigstel.

[1] Nicht die in Rechnung zu stellende Alkoholmenge, der Kontingentsfuß, wird herabgesetzt, wie dies nach § 36 geschieht, sondern das Kontingent selbst.

[2] Die Herabsetzung des Kontingents auf Grund des § 25 und die infolgedessen eintretende Ermäßigung der Einzelkontingente ist eine allgemeine Maßregel, die alle an dem Kontingente beteiligten Brennereien in gleicher Weise trifft; sie ist aber eine auf Zeit getroffene Maßregel, nämlich für das folgende Betriebsjahr und erforderlichenfalls je für ein weiteres Betriebsjahr. Ist das Betriebsjahr, für das der Bundesrat die Maßregel getroffen hat, abgelaufen, so erhält die Brennerei also wieder das unverkürzte Kontingent, es sei denn, daß der Bundesrat die Kürzung auf ein weiteres Betriebsjahr ausdehnt.

Die im § 149 vorgesehene Kürzung erstreckt sich allein auf die Brennereien mit einem Kontingente von mehr als 100000 l; sie ist eine endgültige Maßregel.

Nach § 149 wird nun nicht das auf Grund des § 25 herabgesetzte Kontingent weiter gekürzt; vielmehr wird das im Betriebsjahre 1907/08 festgesetzte Kontingent ohne Rücksicht auf die Ermäßigung des Kontingents aus § 25 so gekürzt, wie § 149 dies vorschreibt. Auf das so gekürzte Kontingent aber findet die allgemeine Herabsetzung aus § 25 in gleicher Weise Anwendung wie auf die übrigen Brennereien.

[3] Nach § 2 Abs. 3 unter d, Abs. 1 des bisher in Geltung gewesenen Branntweinsteuergesetzes hätten Brennereien mit einem Kontingentsfuße von mehr als 150000 l Alkohol ohnehin bei der Neukontingentierung im Betriebsjahre 1912/13 eine Herabsetzung des Kontingentsfußes um $^1/_{20}$, jedoch nicht unter den Betrag von 150000 l, mithin vom 1. Oktober 1913 ab eine Kürzung des Kontingents erfahren. Diese Brennereien wären durch die Ausdehnung des Kontingentsabschnitts auf zehn Jahre mithin in Ansehung des Kontingents besser

gestellt gewesen, als sie es nach dem bisherigen Gesetze waren, wenn nicht die Übergangsvorschrift im § 149 einen Ausgleich herbeigeführt hätte. Dieser Ausgleich geht allerdings etwas weiter, indem er alle über 100000 l Alkohol hinausgehenden Kontingente erfaßt.

§ 150.

Vollständig vergällter Branntwein.

Der Bundesrat wird ermächtigt, für die Durchführung der Vorschrift im § 109 eine Frist bis zum 1. Oktober 1910 zu bewilligen[1].

Die zum Feilhalten vollständig vergällten Branntweins vor dem Inkrafttreten dieses Gesetzes im Gebrauche befindlichen Gefäße dürfen bis zum 30. September 1912 weiter benutzt werden, sofern sie verschlossen werden können (§ 109).

[1] Der Bundesrat hat im § 15 der Branntweinsteuer-Befreiungsordnung von der Ermächtigung Gebrauch gemacht. Danach können die Gewerbetreibenden bis zum 1. Oktober 1910 von der Anbringung des Verschlusses absehen. Bis zu diesem Zeitpunkte werden auch Behältnisse zugelassen, die der Bestimmung im § 109 über den Raumgehalt nicht entsprechen, darüber hinaus, aber nicht länger als bis zum 30. September 1912, jedoch nur dann, wenn die Behältnisse mit dem angeordneten Verschlusse (vgl. A. 2 zu § 109) versehen werden können und wenn sie bereits vor dem 1. Oktober 1909 zum Feilhalten vollständig vergällten Branntweins benutzt worden sind.

§ 151.

Kürzung des Durchschnittsbrandes[1].

Der Durchschnittsbrand (§§ 61ff.) wird für das Betriebsjahr 1909/10 um 14 Hundertteile gekürzt, jedoch nicht unter das Kontingent der Brennerei herabgesetzt. Die Betriebsauflage für den Überbrand erhöht sich gemäß § 48 Abs. 2[2].

[1] Die Erhöhung der Verbrauchsabgabe hat voraussichtlich einen Rückgang im Trinkverbrauche zur Folge. Die Brennereien müssen daher, namentlich in der Zeit des Übergangs, im Betriebsjahre 1909/10, ihre Branntweinerzeugung einschränken. Die Übergangsvorschrift im § 151 verteilt diese Einschränkung so, daß die Brennereien über das Kontingent hinaus in gleichem Verhältnisse gekürzt werden und so auch wirtschaftlich schwächere Brennereien ihren Betrieb in den Grenzen des herabgesetzten Durchschnittsbrandes mit Erfolg fortsetzen können.

[2] Die Herabsetzung des Durchschnittsbrandes regt wirtschaftlich kräftige Brennereien, namentlich die Großbetriebe, an, über den gekürzten Durchschnittsbrand hinaus Branntwein herzustellen und so den Erfolg der Herabsetzung zu vereiteln. Dem begegnet die Erhöhung der Betriebsauflage für den Überbrand. Der Mehrbetrag von 6 M ist von vornherein in voller Höhe für jedes Hektoliter Alkohol zu entrichten, das im Betriebsjahre 1909/10 über den um 14 Hundertteile herabgesetzten Durchschnittsbrand hinaus in einer Brennerei erzeugt wird (vgl. auch A. 7 zu § 48).

§ 152.

Besondere Betriebsauflage[1].

Von dem in der Zeit vom 15. bis einschließlich 30. September 1909 erzeugten Branntweine wird neben den bestehenden Branntweinsteuern eine besondere Betriebsauflage von 6 Mark für das Hektoliter Alkohol erhoben. Auf diese Betriebsauflage finden die §§ 43b und 43d des bisher geltenden

Branntweinsteuergesetzes[2] Anwendung. Die Einnahmen sind dem im § 59 bezeichneten Geldbestande zuzuführen.

Der in Kleinbrennereien und von den im § 41 bezeichneten Brennern zum niedrigeren Verbrauchsabgabensatze des bisher geltenden Branntweinsteuergesetzes erzeugte Branntwein unterliegt dieser besonderen Betriebsauflage nicht.

[1] Die Vorschrift wollte einer spekulativen Ausnutzung der Lage vor dem Inkrafttreten des Gesetzes begegnen. Nach den Beschlüssen der 32. Kommission sollte die besondere Betriebsauflage von dem in der Zeit vom 16. Juni bis einschließlich 30. September 1909 erzeugten Branntwein erhoben werden. In der dritten Lesung erhielt die Vorschrift dann die gegenwärtige Fassung.

[2] Da die Vorschriften für die Betriebsauflage in den §§ 42 ff. erst mit dem 1. Oktober 1909 in Kraft traten, wurde die besondere Betriebsauflage den Brennsteuervorschriften des bisherigen Branntweinsteuergesetzes unterstellt.

§ 153.

Soweit beim Inkrafttreten dieses Gesetzes vertragsmäßige Bestimmungen über Lieferung von Essigsäure (§ 110 Abs. 1) bestehen, ist der Abnehmer verpflichtet, dem Lieferer einen Zuschlag zum Preise in Höhe der auf die gelieferte Menge fallenden Verbrauchsabgabe zu zahlen, wenn dem nicht ausdrückliche Vertragsbestimmungen entgegenstehen[1].

[1] Die Essigsäure ist mit einer Verbrauchsabgabe belegt, die als solche auf den Verbraucher abgewälzt

werden soll. Die Vorschrift im § 153 will diese Abwälzung in den Fällen erleichtern, in denen über die Lieferung von Essigsäure Verträge abgeschlossen sind, die über den Zeitpunkt des Inkrafttretens des Gesetzes hinausreichen.

Neunter Abschnitt.

Schlußvorschriften.

§ 154.

Die Vorschriften im § 26 können nur mit Zustimmung der Königreiche Bayern und Württemberg und des Großherzogtums Baden geändert werden[1].

BBrStG. § 47 Abs. 2.

[1] Durch diese Vorschrift in Verbindung mit dem § 5 Abs. 3 des Gesetzes, betreffend Änderungen im Finanzwesen vom 15. Juli 1909 (RGBl. S. 743), wird das Sonderrecht der süddeutschen Staaten auf dem Gebiete der Branntweinsteuer festgelegt.

§ 155.

Vereinbarungen mit anderen Staaten.

Der Reichskanzler kann unter Zustimmung des Bundesrats wegen Herbeiführung einer den Vorschriften dieses Gesetzes entsprechenden Behandlung des Branntweins in den dem Zollgebiet angeschlossenen Staaten und Gebietsteilen, wegen Überweisung der Einnahmen für den im gegenseitigen Verkehr übergehenden Branntwein oder wegen Begründung einer Gemeinschaft mit den fremden Regierungen Vereinbarungen treffen.

Das Großherzogtum Luxemburg hat durch Gesetz vom 21. März 1896 (Memorial des Großherzogtums Luxemburg S. 493) eine mit dem deutschen Branntweinsteuergesetze vom 24. Juni 1887 im wesentlichen übereinstimmende Besteuerung des Branntweins eingeführt. Auf dieser Grundlage sind die gegenseitigen Beziehungen durch das Abkommen vom 22. Mai 1896 (RGBl. S. 676) geregelt worden; das Abkommen hat für den Branntweinverkehr zwischen Deutschland und Luxemburg die Steuervergütungen und die Übergangsabgabe beseitigt, eine vereinfachte Übergangskontrolle und gegenseitige Abrechnung eingerichtet und so dafür gesorgt, daß einerseits der Branntweinverkehr zwischen beiden Ländern tunlichst erleichtert, anderseits jedem Teile diejenige Einnahme aus dem Branntweine gesichert wurde, welche ihm ohne das Abkommen zugeflossen wäre.

Inzwischen hat das Großherzogtum Luxemburg durch Gesetz vom 26. September 1909 (Memorial S. 889) die Branntweinverbrauchsabgabe, Nachsteuer und Betriebsauflage in gleicher Höhe, wie sie in dem deutschen Branntweinsteuergesetze vom 15. Juli 1909 vorgesehen sind, mit Wirkung vom 1. Oktober 1909 ab eingeführt, auch durch Großherzoglichen Beschluß vom 9. Dezember 1909 (Memorial S. 1057) den Verkehr mit der Essigsäure aus Holzessig oder essigsauren Salzen im Einklange mit den Bestimmungen der deutschen Essigsäureordnung geregelt. Hiernach werden anscheinend auch für die Folge Vereinbarungen zwischen Deutschland und Luxemburg auf Grund des § 155 in Erwägung kommen.

§ 156.

Inkrafttreten des Gesetzes.

Dieses Gesetz tritt, unbeschadet der Vorschriften in den §§ 106, 152[1], mit dem 1. Oktober 1909 in Kraft. Gleichzeitig treten die bisher geltenden Gesetze über die Besteuerung des Branntweins und über die Steuerfreiheit des Branntweins zu gewerblichen Zwecken außer Geltung[2].

[1] Die Erhöhung der Einfuhrzölle (§ 106) ist mit dem 10. Juli 1909, die besondere Betriebsauflage (§ 152) mit dem 15. September 1909 in Kraft getreten.

[2] Durch diese Vorschrift ist unter anderem auch die Aufhebung der Maischbottichsteuer ausgesprochen.

Urkundlich unter Unserer Höchsteigenhändigen Unterschrift und beigedrucktem Kaiserlichen Insiegel.

Gegeben Berlin im Schloß, den 15. Juli 1909.

(L. S) Wilhelm.

von Bethmann Hollweg.

Sachregister.

A.

D.

E.

F.

J.

L.

M.

T.

U.

W.

Z.

Druck von C. Schulze & Co., G. m. b. H., Gräfenhainichen.

Guttentag'sche Sammlung

Deutscher Reichsgesetze.

Text-Ausgaben mit Anmerkungen. Taschenformat.

1. **Verfassung des Deutschen Reichs.** Von Dr. **L. von Rönne.** 9. Aufl. von Landrat **P. von Rönne.** 1904. Mit Abänderungen vom Mai 1906. 2 M. 40 Pf.
2. **Strafgesetzbuch** für das Deutsche Reich. Von Dr. **H. Rüdorff.** 23. Aufl. neubearbeitet von Prof. Dr. **Fr. v. Liszt** und Dr. **Ernst Delaquis.** 1910. M. Pf.
3. **Militärstrafgerichtsordnung** nebst Einführungsgesetz Von Wirkl. Geheimen Kriegsrat Dr. jur. **A. Romen** u. Kriegsgerichtsrat Dr. jur. **Carl Rissom.** 1910. Im Druck.
4. **Handelsgesetzbuch vom 10. Mai 1897** unter Ausschluß des Seerechts. 13. Aufl. herausgegeben von Geh. Justizrat Prof. Dr. **A. Mosse.** 1905. 3 M.
5. Allgemeine Deutsche **Wechselordnung.** 10. Aufl. von Justizrat Dr. **J. Stranz** und Rechtsanwalt Dr. **M. Stranz,** und das Reichsgesetz über die **Wechselstempelsteuer** von Geh. Regierungsrat **P. Loeck.** 10. Aufl. 1909. 3 M.

5a. **Wechselstempelsteuergesetz** apart. 10. Aufl. 1 M. 25 Pf.

6. **Reichsgewerbeordnung** nebst Ausführungsbestimmungen. Von **Berger** und **Wilhelmi.** 18. veränderte und sehr vermehrte Auflage von Stadtrat Dr. **Karl Flesch** in Verbindung mit Dr. **Friedr. Hiller** u. Dr. **Herm. Luppe.** 1910. M.

Ergänzungsband: **Preußische Ausführungsanweisung.** 1904. 2 M.

7. **Post- und Telegraphen-Gesetzgebung.** Nebst Weltpostvertrag und internationalem Telegraphenvertrag. 6. Aufl. von Geh. Ober-Postrat **Dr. M. König.** 1908. 4 M.

8. Die Reichsgesetze über den **Unterstützungswohnsitz die Freizügigkeit, den Erwerb und Verlust der Bundes- und Staatsangehörigkeit.** Von Geheimrat **Dr. J. Krech,** Mitglied d. Bundesamtes für das Heimatwesen. 7. Aufl. Mit Anhang; Gesetz für Elsaß-Lothringen v. 1909. 1908. 3 M.

9. Sammlung **kleinerer strafrechtlicher Reichsgesetze.** Bearbeitet von **M. Werner,** Geh. Ober-Regierungsrat. 2. Aufl. 1903. 3 M.

10. Das **Reichsbeamtengesetz** von **J. Pieper.** 2. Aufl. 1901. 4 M. 50 Pf.

— In der Fassung von 1907 siehe Nr. 82.

11. **Zivilprozeßordnung mit Gerichtsverfassungsgesetz.** in den neuesten Fassungen. Von **R. Sydow.** Fortgeführt von **L. Busch.** 12. Aufl. 8°. 1910. 6 M. 50 Pf.

Die Novelle als Anhang der 11. Aufl. einzeln ist jetzt vergriffen!

12. **Strafprozeßordnung und Gerichtsverfassungsgesetz** nebst den Gesetzen, betr. die Entschädigung der im Wiederaufnahmeverfahren freigesprochenen Personen und die Entschädigung für unschuldig erlittene Untersuchungshaft. Von Dr. **A. Hellweg**, Reichsgerichtsrat. 15. Aufl. 1908. 2 M.

13. **Konkursordnung und Anfechtungsgesetz.** Von **R. Sydow.** Fortgeführt von **L. Busch.** 10. Aufl. 1906. 2 M. 25 Pf.

14. **Gerichtsverfassungsgesetz** mit Einführungsgesetz. Herausgegeben von **R. Sydow.** Fortgeführt von **L. Busch.** 9. Aufl. 1905. Mit Nachtrag v. 1. VI. 1909. 1 M. 50 Pf.

15. **Das Deutsche Gerichtskostengesetz** nebst den Gebührenordnungen für Gerichtsvollzieher, Zeugen und Sachverständige. Von **R. Sydow.** Weiter bearbeitet von **L. Busch.** 8. Aufl. 1907. Mit Nachtrag v. 1. VI. 1909. 2 M.

16. **Rechtsanwaltsordnung.** Von **R. Sydow.** 6. Aufl. von Justizrat **M. Jacobsohn.** 1907. 1 M. 20 Pf.

17. **Die Deutsche Gebührenordnung für Rechtsanwälte und das Preußische Gebührengesetz** vom 27. September / 6. Oktober 1899. Von **R. Sydow.** Fortgeführt von **L. Busch.** 9. Aufl. 1910. 2 M.

18. **Reichsstempelgesetz (Börsensteuer, Frachturkunde, Kraftfahrzeuge, Personenfahrkarte, Tantieme für Aufsichtsratsmitglieder).** Vom 15. Juli 1909. Von **P. Loeck,** Geh. Regierungsrat. 10. Aufl. 1910. 8°. M. Pf.

19. **Die Seegesetzgebung.** Von Dr. **W. E. Knitschky.** 4. Aufl. bearbeitet von Oberlandesgerichtsrat **Otto Rudorff** in Hamburg. 1908. Mit Anhang vom Januar und Juli 1909. 6 M.

20. **Krankenversicherungsgesetz.** Von weil. Dr. **E. von Woedtke.** 11. Aufl. von Geh. Reg.-Rat Dr. **G. Eucken-Addenhausen.** 1905. 3 M.

21. Die **Konsulargesetzgebung.** Von Professor Dr. **Ph. Zorn.** 2. Aufl. 1901. 3 M.

22. **Patentgesetz.** Nebst Ausführungsbestimmungen, völkerrechtlichen Verträgen und der Patentanwalts-Ordnung. 7. Aufl. bearbeitet von **R. Lutter,** Geh. Reg.-Rat im Kaiserl. Patentamt. 1908. 2 M. 80 Pf.

23. **Gewerbe-Unfallversicherungsgesetz.** Von weil. Dr. **E. v. Woedtke.** 9. Aufl. von **Franz Caspar,** Direktor im Reichsamt des Innern. 1907. 2 M. 50 Pf.

24. **Aktiengesellschaft und Kommanditgesellschaften auf Aktien.** Von Justizrat Dr. **H. Veit Simon** und Amtsrichter **L. Keyssner.** 1910. 6. Aufl. Im Druck.

25. **Brausteuergesetz** vom 15. Juli 1909. Von **A. Düffe**, Oberzollrevisor. 2. Aufl. 1909. 3 M.

26. **Die Reichsgesetzgebung über Münz- und Notenbankwesen**, Papiergeld, Prämienpapiere und Reichsschulden. Von Dr. jur. **R. Koch**, Präsident des Reichsbankdirektoriums. 6. Aufl. 1910. 4 M.

27. Die Gesetzgebung, betr. das **Gesundheitswesen** im Deutschen Reich. Von Dr. jur. **C. Goesch** und Dr. med. **J. Karsten.** 1888. 1 M. 60 Pf.

28. **Bau-Unfallversicherungsgesetz.** Vom 30. Juni 1900. Von **R. Chrzescinski,** Kaiserl. Regierungsrat. 3. Aufl. 1900. 2 M.

29. **Erwerbs- und Wirtschaftsgenossenschaften.** Von **L. Parisius** und Dr. **H. Crüger.** 13. Aufl. von Dr. **H. Crüger.** 1910. 1 M. 50 Pf.

30. **Invalidenversicherungsgesetz** vom 13. Juli 1899. Von weil. Dr. **E. v. Woedtke.** 10. Aufl. von Regierungsrat **H. Follmann.** 1906. 4 M.
Siehe auch Handausgabe von Freund Seite 24.

31. **Gewerbegerichtsgesetz.** Von Stadtrat **L. Mugdan.** 6. Aufl. bearbeitet von **W. Cuno,** Erstem Bürgermeister zu Hagen i. W. 1906. 2 M. 20 Pf.

32. **Reichsgesetz, betr. die Gesellschaften mit beschränkter Haftung.** Von **L. Parisius** und Dr. **H. Crüger.** 10. Aufl. von Dr. **H. Crüger.** 1910. 1 M. 40 Pf.

33. **Vereins- und Versammlungsrecht.** Von Dr. **E. Ball.** 2. Aufl. von Dr. **F. Friedenthal.** 1907. 2 M. 50 Pf.
Reichs-Vereinsgesetz vom 19. April 1908 vide Nr. 88.

34. **Die Abzahlungsgeschäfte.** Gesetz vom 16. Mai 1894. 2. vermehrte Aufl. besorgt von Dr. **E. Wilke,** Landgerichtsrat. 1901. 1 M. 20 Pf.

35. **Die Reichs-Eisenbahngesetzgebung.** Von **W. Coermann,** Kaiserl. Amtsrichter. 1895. 2 M. 25 Pf.

36. **Gesetze,** betr. die **privatrechtlichen Verhältnisse der Binnenschiffahrt und der Flößerei.** Von **E. Löwe,** Landgerichtsrat. 4. Aufl. 1909. 3 M.

37. **Gesetz** gegen den **unlauteren Wettbewerb.** 5. Auflage. Von Justizrat **Pinner.** 1909. 1 M.

38/39. **Bürgerliches Gesetzbuch nebst Einführungsgesetz** von Dr. **A. Achilles.** In Verbindung mit Professor Dr. **André,** Kammergerichtsrat **Ritgen,** Reichsgerichtsrat **Strecker,** Ministerialrat Dr. **Unzner** herausgegeben von Geh. Ober-Justizrat **Greiff.** 6. Aufl. 8°. 1909. 6 M. 50 Pf.

40. **Gesetz,** betr. die **Pflichten der Kaufleute bei Aufbewahrung fremder Wertpapiere (Depotgesetz).** Mit Erläuterungen. Von **F. Lusensky,** Geh. Ober-Regierungsrat. 2. Aufl. 1905. 1 M.

41. **Börsengesetz.** In der Fassung der Novelle vom 8. Mai 1908. 2. Aufl. Von Wirkl. Geh. Ob.-Regierungsrat **Th. Hemptenmacher,** Staatskommissar an der Berliner Börse. 1908. 2 M.

42. **Grundbuchordnung** nebst den preußischen Ausführungsbestimmungen. Mit Einleitung. Von Prof. Dr. **O. Fischer.** 5. Aufl. 1909. 2 M.

43. **Zwangsvollstreckung in das unbewegliche Vermögen** im Reiche und in Preußen. Mit Einleitung, Kosten- und Gebührentabellen. Von Dr. **J. Krech,** Kaiserl. Geh. Regierungsrat und Professor Dr. **O. Fischer.** 5. Aufl. 1907. 2 M.

44. Das Reichsgesetz über das **Auswanderungswesen** vom 9. Juni 1897. Von Professor Dr. **Felix Stoerk.** 1899. 2 M. 25 Pf.

45. Das **Entmündigungsrecht** unter Berücksichtigung der für Preußen geltenden Vorschriften nebst der preußischen Justiz-Ministerial-Verfügung vom 28. November 1899. Von Landgerichtsrat Dr. **P. Koll** in Cöln. 1900. 1 M. 50 Pf.

46. Die Gesetze des Reiches und Preußens über die **freiwillige Gerichtsbarkeit.** Von **Herm. Jastrow,** Amtsgerichtsrat. 4. Aufl. 1906. 3 M.

47. **Das deutsche Vormundschaftsrecht und das preuß. Gesetz** über die Fürsorgeerziehung Minderjähriger nebst den dazu gehörigen preußischen Nebengesetzen. Von **Max Schultzenstein**, Oberverwaltungsgerichtsrat und Amtsgerichtsrat Dr. **Paul Köhne**. 2. Aufl. 1901. 3 M.

48. Gesetze und Verordnungen, betr. den **Drogen-, Gift- und Farbenhandel** außerhalb der Apotheken. Von Dr. **Broh**, Rechtsanwalt. 1899. 1 M. 25 Pf.

49. **Deutsche Kolonialgesetzgebung.** Von Professor Dr. **Philipp Zorn.** 1901. 4 M. 50 Pf.

50. Der **Viehkauf** (Viehgewährschaft) nach dem **Bürgerlichen Gesetzbuche.** Nebst Verordn. betr. die Hauptmängel und Gewährsfristen beim Viehhandel. Von Rechtsanwalt Dr. **H. Stölzle** und Königl. Kreistierarzt **H. Weiskopf.** 4. Aufl. 1908. 4 M.

51. **Hypothekenbankgesetz** vom 13. Juli 1899. Von Dr. **H. Göppert**, Gerichts-Assessor. 1900. 1 M. 80 Pf.

52. Gesetz, betreffend die gemeinsamen **Rechte der Besitzer von Schuldverschreibungen.** Von Dr. **Heinrich Göppert**, Gerichts-Assessor. 1900. 2 M.

53. **Reichspreßgesetz** vom 7. Mai 1874. Kommentar von **A. Born**, Polizeiassessor. 1900. 1 M. 50 Pf.

54. **Die Reichsgesetzgebung über den Verkehr mit Nahrungsmitteln, Genußmitteln und Gebrauchsgegenständen.** Von Dr. **Georg Lebbin,** Nahrungsmittelchemiker. 1900. 2 M. 25 Pf.

55. **Das Recht der Beschlagnahme von Lohn- und Gehaltsforderungen.** Von Justizrat **Georg Meyer.** 3. Aufl. 1908. 2 M. 50 Pf.

56. **Gesetz,** betr. die **Bekämpfung gemeingefährlicher Krankheiten.** Nebst Ausführungsbestimmungen. Von Dr. **Bruno Burkhardt,** Regierungsrat, Mitglied des Kais. Gesundheitsamts. 1900. 1 M. 40 Pf.

57. **See-Unfallversicherungsgesetz.** Von **Dr. Max Mittelstein,** Oberlandesgerichtsrat in Hamburg. 1901. 2 M.

58. **Das Recht der unehelichen Kinder nach dem BGB.** Von **Hermann Jastrow,** Amtsg.-Rat. 1901. 1 M. 80 Pf.

59. **Reichsgesetz** über die **Beurkundung des Personenstandes und die Eheschließung.** Von Dr. **F. Fidler,** Amtgerichtsrat. 1901. 1 M. 80 Pf.

60. **Gesetz,** betreffend das **Urheberrecht an Werken der Literatur und der Tonkunst.** Von Landrichter **Otto Lindemann.** 2. Aufl. 1907. 1 M. 60 Pf.

61. **Gesetz über das Verlagsrecht.** Von Justizrat **Ernst Heinitz.** 1901. 1 M. 50 Pf.

62. Über die privaten Versicherungsunternehmungen. Von H. Königs, Reichsgerichtsrat. 2. Aufl. in Bearbeitung.

63. Gesetzestafel des Deutschen Reichsrechts. Systematisch geordnete Nachweisung des z. Z. geltenden Reichsrechts. Ergänzungsband zu der Guttentag'schen Sammlung Deutscher Reichsgesetze. Von Hugo Bruhns, Syndikus. 1902. 8°. 2 M. 50 Pf.

64. Gesetzsammlung betr. den Handel mit Drogen und Giften. Reichsgesetzl. Bestimmungen und Anhang mit den landesgesetzl. Verordnungen sämtlicher Bundesstaaten. Von Rechtsanwalt H. Sonnenfeld, Syndik. d. Berl. Drogisten-Innung. 1902. 3 M.

65. Das Weingesetz in der Fassung v. 1909. Mit Ausführungsbestimmungen von Dr. Georg Lebbin, Handels- u. Gerichtschemiker. 2. Aufl. 1909. 2 M. 50 Pf.

66. Die Eisenbahn-Gesetzgebung. Von W. Pietsch, Geh. exp. Sekretär im Reichs-Eisenbahn-Amt. 1902. 5 M.

67. Militär-Strafgesetzbuch. In Vorbereitung.

68. Das Fleischbeschaugesetz. Vom 3. Juni 1900. Von Dr. Georg Lebbin, Gerichtschemiker und Rechtsanwalt Dr. Georg Baum. 1903. 4 M.

69. **Reichsgesetz über die Naturalleistungen der bewaffneten Macht im Frieden** nebst den in Preußen geltenden Bestimmungen. Von Regierungsassessor Dr. **Walter v. Hippel.** 1903. 1 M. 25 Pf.

70. **Das Reichs-Haftpflichtgesetz**, vom 7. Juni 1871. Von Regierungsrat Dr. **G. Eger.** 1903. Preis 3 M.

71. **Kinderarbeit in gewerblichen Betrieben**, v. 30. März 1903. Von **H. Spangenberg**, Oberverwaltungsgerichtsrat. 2. Aufl. 1904. 1 M. 60 Pf.

72. **Unfallversicherungsgesetz für Land- und Forstwirtschaft** von weil. Dr. **E. von Woedtke**, fortgesetzt von **Alfred Radtke**, Geh. Regierungsrat und Senatspräs. im Reichsversicherungsamt. 2. Aufl. 1904. 4 M. 50 Pf.

73. **Entschädigung für unschuldig erlittene Verhaftung und Bestrafung.** Nebst Anhang, enth. die dazu gehörigen Nebengesetze über Schadensersatz. Von Dr jur. **A. Romen**, Wirkl. Geh. Kriegsrat. 1904. 2 M.

74. Die **Kaufmannsgerichte** nebst den preuß. Ausführungsbestimmungen. Von Prof. Dr. **Max Apt**, 3. Aufl. 1905. 2 M.

75. **Reichsgesetz über die Konsulargerichtsbarkeit.** Von Dr. jur. **A. F. Vorwerk**, Rechtsanwalt in Schanghai. 2. Ausgabe, mit dem Schutzgebietsgesetz und der Ausführungsverordnung, betr. die Rechtsverhältnisse in den Schutzgebieten. 1908. 2 M.

76. **Die Rechtshilfe im Verkehr mit den ordentlichen Gerichten nach deutschem Reichsrecht.** Von Landrichter Dr. **A. Friedländer.** 1906. 1 M. 80 Pf.

77. **Das Reichserbschaftssteuergesetz.** Vom 3. Juni 1906. Von **Ulrich Hoffmann,** Geh. Registrator im Kgl. Preuß. Finanzministerium. 1910. M. P.

78. **Zigarettensteuergesetz.** Vom 15. Juli 1909. Von Dr. **Cuno,** Regierungsassessor. 2. Aufl. 1909. Im Druck, nach Erlaß der sämtl. Ausf.-Best.

79. **Die Militärpensionsgesetze vom 31. Mai 1906** nebst Ausführungsbestimmungen. Zum Gebrauch für Heer, Marine und Schutztruppe von Dr. jur. **A. Romen,** Wirklicher Geheimer Kriegsrat.
a) I. Teil: Offizierpensionsgesetz. 1907. 3 M. 50 Pf.
b) II. Teil: Mannschaftsversorgungsgesetz. 1908. 3 M. 50 Pf.

80. **Reichsgesetzgebung über gerichtliche Registerführung.** Von **Otto Lindemann,** Landrichter. 1906. 3 M.

81. **Gesetz, betr. Urheberrecht an Werken der bildenden Künste und der Photographie.** Von Dr. **Ludw. Fuld,** Rechtsanwalt. 1907. 1 M.

82. **Reichsbeamtengesetz** in der Fassung vom 18. Mai 1907 und seine Ergänzungen von Geheimrat Professor Dr. **Ad. Arndt.** 1908. 3 M.

83. Reichsgesetz über **den Versicherungsvertrag** nebst Einführungsgesetz. Von Dr. **Paul Hager** und Dr. **R. Behrend,** Regierungsräte im Kaiserl. Aufsichtsamt f. Privatversicherung. 1908. 5 M.

84. **Sammlung kleinerer privatrechtlicher Reichsgesetze** von Landrichter **Georg Müller.** 1908. 6 M. 50 Pf.

85. **Scheckgesetz** mit Einleitung usw. Von Prof. Dr. **Max Apt.** 5. Aufl. Mit Postscheckordnung v. 6. XI. 1908 und im Anhang „Besteuerung des Schecks". 1909. 2 M.

Postscheckordnung vom 6. XI. 08. Apart mit Erläuterungen u. Ausführungsbestimmungen. (30 Pf.)

86. **Die Auslieferungsverträge des Deutschen Reiches** von Landrichter **A. Cohn.** 1908. 4 M.

87. **Gesetz zum Schutz der Warenbezeichnungen.** Von Geh. Reg.-Rat, Mitgl. des Patentamts Dr. **Freund** u. Rechtsanwalt **Magnus.** 5. Aufl. 1909. 3 M. 50 Pf.

88. **Vereinsgesetz** vom 19. April 1908. Von Dr. jur. **A. Romen,** Wirkl. Geh. Kriegsrat. 2. Aufl. 1908. 1 M. 50 Pf.

89. **Vogelschutzgesetz** vom 30. Mai 1908 nebst den das Flugwild betr Bestimmungen der Preußischen Jagdordnung von Dr. jur. **Leo von Boxberger.** 1908. 1 M.

90. Die Haager Abkommen über das **Internationale Privatrecht** von Dr. **G. A. E. Bogeng.** 1908. 2 M. 20 Pf.

91. **Eisenbahn-Verkehrsordnung** vom 23. Dez. 1908. Mit Ausführungsbestimmungen. Von Regierungsassessor bei der Eisenbahndirektion Breslau Dr. **Ernst Blume.** 1909. 2 M. 50 Pf.

92. **Gesetz**, betr. den **Verkehr mit Kraftfahrzeugen**. Von Amtsrichter **R. Kirchner**. 1909. 2 M. 80 Pf.

93. **Gesetz** über die **Sicherung der Bauforderungen** v. Justizrat Dr. **E. Harnier**. 2. Aufl. 1909. 1 M. 30 Pf.

94. **Haftpflicht der Reichs- und Staats-Beamten** v. Dr. **H. Delius**. 2. Aufl. 1909. 3 M. 50 Pf.

95. Die Berner Uebereinkunft über **internationales Urheberrecht** von Dr. **Herm. Dungs**, vortrag. Rat im Reichsjustizamt. 1910. 1 M.

96. **Branntweinsteuergesetz** vom 15. Juli 1909. Unter Berücksichtigung der für das Reich erlassenen Ausführungsbestimmungen. Von Geh. Reg. Rat **Johs. Nay**, vortrag. Rat im Reichsschatzamt. 1910. 3 M. 50 Pf.

97. **Schutzgebietsgesetz** nebst der Verordnung betr. die Rechtsverhältnisse in den Schutzgebieten, Anwendung der Konsulargerichtsbarkeit sowie Ausführungsbestimmungen und ergänz. Vorschriften. Von **Johs. Gerstmayer** Wirkl. Legationsrat u. Vortrag. Rat im Reichskolonialamt. 1910. M.

98. **Sechs Haager Abkommen** über **Internationales Privatrecht**. Von Dr. **Herm. Dungs**, vortrag. Rat im Reichs-Justizamt. 1910. M.

99. **Die Abkommen der Haager Friedenskonferenz** von Dr. jur. **Hans Wehberg**. M.

Guttentag'sche Sammlung

Preußischer Gesetze.

Text-Ausgaben mit Anmerkungen. Taschenformat.

---

1. **Die Verfassungs-Urkunde** für den Preußischen Staat. Mit Einleitung, vollständigem Kommentar. Von Prof. Dr. **Adolf Arndt.** 6. Aufl. 1907. 3 M.

2. **Preußische Beamten-Gesetzgebung.** Enthaltend die wichtigsten Beamtengesetze in Preußen. Von **C. Pfafferoth.** 4., neubearb. Aufl. 1905. Mit Anhang: Abänderung vom 27. Mai 1907. 2 M.

3. **Die Aufnahme des Nottestaments** durch die bestellten Urkundspersonen. Anweisung mit Musterbeispielen und Abriß des Erbrechts von Amtsgerichtsrat **C. Kurtz.** 1904. 1 M. 50 Pf.

4. **Gebührenordnung** für Notare vom 25. Juni 1895. Von **R. Sydow.** 3. Aufl. bearbeitet von Justizrat Dr. **Rausnitz.** 1908. 1 M. 60 Pf.

5. **Gesetz vom 24. April 1854 (betr. die außerehel. Schwängerung).** Von Dr. **Schulze.** 1873. 75 Pf. Gültiges Recht siehe: Reichsgesetze Nr. 58.

6. **Die Preuß. Ausführungsgesetze und Verordnungen zu den Reichs-Justizgesetzen.** Von **R. Sydow.** 3. vermehrte Aufl. 1895. 2 M. 40 Pf. S. Seite 25, Busch-Eylau, Ausführungsgesetze.

7. **Allg. Gerichtsordnung und Preuß. Konkursordnung.** Von **F. Vierhaus.** Vergriffen.

8. **Vormundschaftsordnung.** Von **F. Schultzenstein.** Gültiges Recht siehe: Reichsgesetze Nr. 47.

9. **Die Preußische Grundbuchgesetzgebung.** Von Prof. Dr. **Fischer.** Vergriffen. Siehe: Reichsgesetze Nr. 42.

10. **Einkommensteuergesetz.** Von **A. Fernow,** Geh. Ober-Finanzrat. 7. Aufl. 1908/9. Mit Nachtrag v. 22. III. u. 26. V. 09. 3 M. 25 Pf.

11. **Gewerbesteuergesetz.** Von **A. Fernow,** Geh. Ober-Finanzrat. 5., vermehrte Aufl. 1910. 3 M.

12. **Allgemeines Berggesetz** für die Preußischen Staaten vom 24. Juni 1865. Von **W. Westhoff** und **W. Schlüter.** 2. Aufl. 1907. Mit Nachtrag v. 1909. 5 M.

13. **Ergänzungssteuergesetz** (Vermögenssteuergesetz). Von **A. Fernow,** Geh. Ober-Finanzrat. 4. vermehrte Aufl. 1907. 2 M. 40 Pf.

14. **Kommunalabgabengesetz.** Vom 14. Juli 1893 und Gesetz wegen Aufhebung direkter Staatssteuern. Von Dr. **F. Adickes,** Oberbürgermeister. 4. Aufl. 1906. 1 M. 50 Pf.

15. **Die Kreisordnungen** für den Preußischen Staat. Von **O. Kolisch,** Landgerichtsrat. 1894. 4 M.

16. **Konzessionierung gewerblicher Anlagen.** Preuß. Ausführungs-Anweisung zu §§ 16 u. ff. der Gewerbe-Ordnung. Von Dr. **W. v. Rüdiger,** Geh. Regierungs- u. Gewerberat. 2. Aufl. 1901. 2 M.

17. **Preußisches Gerichtskostengesetz.** Mit Kostentabellen. Von Dr. **P. Siméon,** Landgerichtsrat. 5. Aufl. 1908. 2 M. 60 Pf.

18. **Preußisches Stempelsteuergesetz** vom 30. Juni 1909. Mit Ausführungsbestimmungen und Tabellen. Von **P. Loeck,** Geh. Regierungsrat. 6. Aufl. mit Anhang. 8°. 1907/09. 6 M.

19. **Das Jagdscheingesetz.** Mit ausführlichen Erläuterungen. Von **F. Kunze,** Wirklichem Geh. Ober-Regierungsrat. 2. Aufl. 1899. 2 M.

20. **Die preußischen Erbschaftssteuergesetze.** Unter Berücksichtigung der Novelle vom 31. Juli 1895. Von **U. Hoffmann,** Geh. Registrator im Königl. preuß. Finanzministerium. 1905. 4 M. (Reichs-Erbschaftssteuergesetz s. Reichsgesetze Nr. 77).

21. **Gesetz über die Handelskammern.** Von **F. Lusensky,** Geh. Regierungsrat. 2. Aufl. 1909. 3 M.

22. **Gesetz, betr. Anstellung und Versorgung der Kommunalbeamten.** Von Dr. **W. Ledermann,** Magistratsassessor zu Berlin. 1899. 1 M. 25 Pf.

23. **Ausführungsgesetz zum Bürgerlichen Gesetzbuche.** Von Landrichter Dr. **P. Siméon.** 2. Aufl. 1905. 1 M. 80 Pf.

24. **Die Hinterlegungsordnung** in der Fassung des Ausführungsgesetzes z. BGB. v. 20. Sept. 1899 nebst Ausführungsbestimmungen. Von Regierungsrat Dr. **Georg Bartels.** 2. Aufl. 1908. 2 M.

25. **Preußische Kommunalbeamtengesetzgebung.** Von Magistr.-Assess. Dr. **Fr. Kremski**, Berlin. 1901. 3 M.

26. **Gesetze über das Diensteinkommen der Lehrer und Lehrerinnen, Ruhegehalt und Fürsorge für Hinterbliebene.** Tabelle zur Berechnung der Ruhegehalts-, Witwen- u. Waisenbezüge. Von Dr. **Ed. Cremer**, Beigeordneter. 1900. 2 M. 40 Pf.

27. **Gesetz, betreffend die Warenhaussteuer.** Von Geh. Ober-Finanzrat Dr. **G. Strutz.** 1900. 1 M. 20 Pf.

28. **Gesetz über die Fürsorgeerziehung Minderjähriger.** Von Landgerichtsdirektor Dr. **P. F. Aschrott.** 2. umgearbeitete Aufl. 1907. 2 M. 80 Pf.

29. **Gesetz, betr. die ärztlichen Ehrengerichte, das Umlagerecht und die Kassen der Aerztekammern.** Von Amtsgerichtsrat Dr. **F. Fidler.** 1901. 1 M. 50 Pf.

30. **Die das Preußische Staatsschuldbuch** und **Reichsschuldbuch** betr. Gesetze nebst Ausführungsbestimmungen. Von Wirkl. Geh. Ober-Finanzrat **J. Mücke**, Mitglied der Staatsschuldenverwaltung. 1902. 2 M.

31a. **Die geltenden Preußischen Gesindeordnungen.** Herausgegeben in zwei Bänden von **Stephan Gerhard**, Rechtsanwalt in Berlin. 1902.

Band I: Gesindeordnung für die altpreußischen Provinzen vom 8. XI. 1810, mit Erläuterungen unter Berücksichtigung der Ergänzungsgesetze und der Rechtsverhältnisse der Gesindevermieter, sowie die Gesindeordnungen für Neuvorpommern und Rügen und für die Rheinprovinz. 2 M. 50 Pf.

31b. **Band II:** Gesindeordnungen für Hannover, Schleswig-Holstein, Hessen-Nassau und den Regierungsbezirk Hohenzollern. 2 M. 50 Pf.
Siehe auch Seite 24: Ratgeber von Grieben.

32. **Die Städteordnung für die sechs östlichen Provinzen Preußens vom 30. Mai 1853.** Von **Dr. jur. Walter Ledermann,** Magistrats-Assessor zu Berlin. 8°. 1902. 6 M.

33. **Rentenguts- und Anerbenrechts-Gesetzgebung in Preußen.** Von Landgerichtsrat **M. Peltasohn** und Rechtsanwalt **Bruno Peltasohn.** 1903. 3 M.

34. Sammlung der wichtigsten **preußischen Strafgesetze** nebst Anhang: Gesetz betr. polizeiliche Strafverfügungen vom 23. April 1883. Von **Otto Lindemann,** Amtsrichter. 1903. 2 M. 50 Pf.

35. **Geschäftsordnung für Gerichtsvollzieher.** Gerichtsvollzieherordnung und Gebührensätze von Amtsgerichtssekretär **Emil Exner.** 1904. 3 M. 50 Pf.

36. **Polizeiverordnungen in Preußen.** Von **Otto Lindemann,** Landrichter. 1904. 1 M. 50 Pf.

37. Gesetz über die **Enteignung von Grundeigentum** vom 11. Juni 1874. Von Landrichter **O. Meyer.** 1905. 2 M.

38. **Kreis- und Provinzial-Abgabengesetz.** Vom 23. April 1906. Von **Fr. Schmidt,** Gemeindevorsteher. 1906. 1 M. 25 Pf.

39. Gesetz betr. die **Unterhaltung der öff. Volksschulen.** Von **Dr. A. Marcks,** Reg.-Rat. 1906. 2 M.

40. **Verwaltungsstrafverfahren** bei Zuwiderhandlungen gegen die Zollgesetze und indirekte Reichs- und Landesabgaben, sowie die Bestimmungen über die Schlacht- und Wildpretsteuer vom 26. Juli 1897. Von **Dr. Richard Katzenstein,** Gerichtsassessor. 1907. 3 M. 60 Pf.

41. **Die preußischen Jagdpolizeigesetze.** Von **Fr. Kunze,** Wirkl. Geh. Oberregierungsrat und **R. Kühnemann,** Rechtsanwalt. 2. Aufl. 1907. 3 M. 60 Pf.

42. Die Gesetzgebung über die **Allgemeine Landesverwaltung** und über die **Zuständigkeit der Verwaltungs- und Verwaltungsgerichtsbehörden.** Von Rechtsanwalt **Dr. Karl Friedrichs.** 1908. 3 M.

43. Gesetz betr. die **Zulassung einer Verschuldungsgrenze** für land- und forstwirtschaftlich benutzte Grundstücke v. 20. August 1906 nebst Ausführungsvorschriften. Von Dr. jur. **R. Leweck,** Syndikus der Ostpreuß. Landschaft. 1908. 2 M. 40 Pf.

44. **Quellenschutzgesetz** vom 14. Mai 1908 nebst den Ausführungsbestimmungen von **Carl Voelkel,** Geheimer Bergrat. 1909. 1 M.

45. **Rechtsverhältnisse der Juden in Preußen** von Dr. jur. et rer. pol. **Max Kollenscher,** Rechtsanwalt. 1910. 2 M. 40 Pf.

Guttentag'sche Sammlung von Text-Ausgaben mit Sachregister ohne Anmerkungen.

Taschenformat, elegant in Leinen gebunden.

Reichs-Justizgesetze: Gerichtsverfassungsgesetz. Zivilprozeßordnung. Konkursordnung. Strafprozeßordnung. 2. Aufl. In einem Bande 3 M. 80 Pf.

Zivilprozeßordnung mit **Gerichtsverfassungsgesetz** und **Einführungsgesetzen.** Neue Fassung von 1909. 2 M.

Konkursordnung mit **Einführungsgesetz.** 80 Pf.

Bürgerliches Gesetzbuch nebst **Einführungsgesetz.** 10. Abdruck. 2 M. 50 Pf.

Handelsgesetzbuch nebst **Einführungsgesetz** u. **Seerecht.** 8. Abdruck. 1910. 1 M. 80 Pf.

Ausführungsanweisung zur Gewerbeordnung vom 1. Mai 1904 nebst der preuß. technischen Anleitung. 2 M.

Militärstrafgerichtsordnung nebst **Einführungsgesetz** u. **Ges., betr. Dienstvergehen der richterlichen Militärjustizbeamten u. unfreiwillige Versetzung derselben usw. Militär-Strafgesetzbuch** *) mit Abdruck der entsprechenden Bestimmungen des Reichs-Strafgesetzbuchs. 2. Aufl. 1 M. 50 Pf. *) Ist auch einzeln zu haben. Preis 1 Mk.

Wechselordnung in der Fassung der Bekanntmachung v. 3. Juni 1908. Mit Anhang: **Wechselprozeß und Ausführungsanweisung.** 1908. 1 M.

Die Preußischen Ausführungsgesetze zum Bürgerlichen Gesetzbuche und Nebengesetze. Text-Ausgabe ohne Anmerkungen. 5. Aufl. Taschenformat. Geb. in ganz Leinen Preis 1 M. 80 Pf.

Reichsfinanzgesetze v. 15. Juli 1909 einschließlich der **Reichsstempelgesetze** u. des **Erbschaftsteuergesetzes.** 1909. Geb. in ganz Leinen. 2 M.

Guttentag'sche Sammlung von Text-Ausgaben mit Sachregister ohne Anmerkungen.

Die Preußischen Ausführungsgesetze, Verordnungen und ministeriellen Verfügungen zu dem Bürgerlichen Gesetzbuche und den Reichs-Justizgesetzen nebst anderen zugehörigen Gesetzen. Von **L. Busch.** 2. Aufl. von Landrichter **O. Eylau.** 8°. Preis geb. 4 M. 50 Pf.

Preußische Bürgerliche Gesetzsammlung. Sammlung der noch geltenden Landesgesetze privatrechtlichen Inhalts. Herausgegeben von den Gerichtsassessoren **D. Fischer** und **Dr. F. Schroeder.** 8°. 2 Bände Preis geb. in ganz Leinen 20 M.

Erster Band: **Das Allgemeine Landrecht mit den Einführungs-Patenten.** Preis 6 M.

Zweiter Band: **Gesetze von 1773—1902.** Preis 14 M.

Preußisches Baupolizeirecht. **Mit Kommentar der Baupolizeiverordnung für die Vororte von Berlin. Vom 28. Mai 1907.** Von Gemeinde-Baurat **Carl Saß,** Königlichen Reg.-Baumeister a. D. Preis 6 M.

Straßen- und Baufluchtliniengesetz. Kommentar für den praktischen Gebrauch mit zeichnerischen Darstellungen von Gemeindebaurat **Karl Saß,** Kgl. Regierungs-baumeister a. D. 8°. Preis kartoniert 3,— M.

Fluchtliniengesetz. — Das Gesetz, betreffend die **Anlegung** und **Veränderung** von Straßen und Plätzen in Städten und ländlichen Ortschaften vom 2. Juli 1875. Des Kommentars von weil. Oberverwaltungsgerichtsrat R. Friedrichs. Sechste, völlig neubearbeitete Auflage. Von Senatspräsident Dr. jur. Hugo von Strauß und Torney. 1909. Im Druck.

Invalidenversicherungsgesetz vom 13. Juli 1899. Handausgabe mit Anmerkungen herausgegeben von Dr. Richard Freund, Vorsitzendem der Landes-Versicherungsanstalt Berlin. 3 Aufl. geb. 5 M.

Wie leitet man eine Versammlung? Geschäftlicher Handweiser für Vorsitzende. Von einem Mitgliede des deutschen Reichstages und des preußischen Abgeordnetenhauses. 2. Aufl. 1908. kart. 1 M.

Praktischer Ratgeber für Dienstherrschaften nach dem Preuß. Gesinderecht unter Berücksichtigung der neueren Entscheidungen bearbeitet von H. Grieben, Verwaltungsdir. a. D. u. Bürgermeister. 1908. 1 M.

Das Recht der Handlungsgehilfen und Handlungslehrlinge. Von Rechtsanwalt Hugo Horrwitz. 2. Aufl. 1905. (203 S.) Geb. in Leinen 3 M.

Die Registratur. 2. Auflage. 1906. Von Hermann Kollrack, Kgl. Polizeisekretär am Berliner Polizeipräsidium. 8°. (84 S.) Kart. 1 M. 40 Pf.

Die Pflichten des Waisenrates. Ein praktischer Leitfaden für Waisenräte und Verwaltungsbeamte. Von F. Baum, Geh. Justizrat und Vormundschaftsrichter. Achte vermehrte und verbesserte Auflage. 1906. 8°. (46 S.) 60 Pf.

Der Vormund, Gegenvormund, Pfleger u. Familienrat. Nach dem Bürgerlichen Gesetzbuch, dem Reichsgesetz über die Angelegenheiten der freiwilligen Gerichtsbarkeit und dem Ausführungsgesetz zum BGB. Ein praktischer Leitfaden. Von F. Baum, Geh. Justizrat und Vormundschaftsrichter. 1899. 8°. (64 S.) 50 Pf.

Schlagwort-Register.

R. = Nummer der Sammlung Deutscher Reichsgesetze.
P. = Nummer der Sammlung Preußischer Gesetze.
S. = Seite.

5. 87 000. IV. 10.

FSC
www.fsc.org
MIX
Papier | Fördert
gute Waldnutzung
FSC® C083411

Kolibri 360 GmbH
Ferdinand-Jühlke-Straße 7
99095 Erfurt, Deutschland
produktsicherheit@kolibri360.de